나는 하나님의 사람입니다

당신이 하나님을 더 깊이 알아 가고 더 널리 알리는 사람이 되는 것, 이 책에 담긴 예수전도단의 마음입니다. 말씀을 통해 저자가 깨닫고, 원고를 통해 저희가 누릴 수 있었던 그 감동이 책을 통해 당신에게도 전해지기 원합니다. 그리고 당신을 통해 그 기쁨과 은혜가 더 많은 이들에게 계속해서 흘러가기를 기도하겠습니다. 이 책을 통해 당신이 받은 은혜를 다른 분들에게도 나눠 주십시오. 사랑하고 축복합니다.

ⓒ 도강록 2017

본 저작물의 저작권은 도서출판 예수전도단에 있습니다.
저작권법에 의해 보호받는 저작물이므로 무단 전재와 복제를 금합니다.

나는 하나님의 사람입니다

도강록 지음

예수전도단

추천사

    초대교회의 교부 터툴리안은 "그리스도인처럼 사랑하는 사람 본적 있습니까?" 외치며 복음을 전했습니다. 초대교회 교인들은 예수님으로 살아냈고 그것이 복음전파에 전부였던 것입니다. 이처럼 복음은 우리의 삶 속에 녹아 다른 이들에게 전달될 때 진정한 맛을 낸다는 말입니다. 그러하기에 모든 그리스도인들은 선교사처럼 살아가야하며 예수님을 보여주는 삶을 살아가야 합니다.

    그런 의미에서 이 책은 다시 일어서고 싶은 그리스도인들에게 필요한 책입니다. 복음적인 목회를 꿈꾸며 모든 성도가 일상 속에서의 전도자로 살아가기를 소망하는 목회자에게 도전을 주는 책입니다. 잃어버린 복음의 야성을 회복하고 다시 부흥을 노래하기를 열망하는 교회에게 달려갈 방향과 목 놓아 부를 노래를 건네는 책입니다. 영혼을 움직이는 조용한 동행을 갈망하는 전도자들에게 필요한 책입니다. 귀한 책을 통하여 이 땅에 거룩한 예수 운동이 일어나길 기대합니다.

_ 이정익
신촌교회 원로목사

    자기 정체성을 분명하게 하고 사는 사람은 언제나 흔들림이 없고 그 존재 자체만으로도 아름답습니다. 저자 도강록 목사는 "나는 하나님의 사람입니다."라는 분명한 고백을 가지고 사는 분입니다. 그는 신실한 목회자이며 열심 있는 전도자입니다. 작은 교회나 개척 교회가 안 된다고 하는 치열한 목회 현장 속에서, 얼마든지 될 수 있다는 가능성을 실재로 보여준 사람입니다.

저는 이 책에서 그의 복음에 대한 열정과 영혼구원에 대한 열망, 하나님을 사랑하는 뜨거운 눈물을 보았습니다. 자신이 먼저 전도자의 삶을 살아가면서 교인들도 행복한 전도자로 세워가는 가슴 벅찬 복음의 능력을 보았습니다. 목회자로서의 최대 고민은 어떻게 자신을 먼저 목회하며, 신자들을 예수로 충만한 사람으로 만들 수 있을까 입니다. 이 고민에 대한 해답을 저는 이 책에서 얻었습니다. 이제 도강록 목사의 삶에서 증명된 이 진리를 우리의 삶으로 옮기는 일이 남았습니다. 이 검증된 복음을 익히고 널리 확산하는 일에 초대합니다.

_ 한기채
중앙성결교회 담임목사

도강록 목사님을 만났을 때의 첫 인상이 아직도 강렬합니다. 그것은 얼굴과 몸짓에 보이는 '순수함과 열정'이었습니다. 이 책 속에는 도 목사님의 그 마음이 담겨 있습니다. 주님의 사랑을 알고, 경험한 목사님의 복음에 대한 순수한 열정을 볼 수 있습니다.

복음에 대한 열정으로 쓴 귀한 책 '나는 하나님의 사람입니다'는 이 시대 우리 모두에게 주는 도전입니다. 어떻게 살아야 할 지 방황하며 두 손을 힘없이 내려놓고 있는 우리에게 다시 두 주먹을 불끈 쥐게 합니다. 인생을 새롭게 조정하게 만듭니다. 복음의 능력을 상실해 가는 세대를 사는 우리에게 다시 복음으로 돌아가게 할 뿐 아니라 복음 때문에 어떻게 살아야 할지를 강력하게 도전하고 있습니다.

이 책 때문에 '나는 하나님의 사람입니다'라는 고백이 이 땅을 흔들고, 새로운 그리스도의 계절이 오기를 기대합니다.

_ 유관재
성광침례교회 담임목사

CONTENTS

프롤로그
하나님의 사람이고픈 당신에게 _ 008

#1. 그럼에도 불구하고, 사랑

◦ 하나님은 사랑이시라 _ 012
◦ 하나님의 열심 _ 022
◦ '그러나'의 은혜 _ 030
◦ 잊혀진 단어, 괜찮아 _ 042

#2. 지금 기도하고 있습니까?

◦ 왜 기도인가 _ 054
◦ 눈물의 힘 _ 061
◦ 당신의 무기는 무엇입니까 _ 069
◦ Born Again _ 078
◦ 다른 사람은 다르다 _ 087
◦ 기도의 명사수 _ 096

#3. 우리는 은혜의 다리입니다

　°삶으로 증명하라 _ 106
　°주 예수를 믿으라 _ 114
　　°와서 보라 _ 125
°하나님의 지혜. 오직 십자가 _ 137
　　°섬기다 _ 147

#4. 주님의 메시지, 세상으로 나가다

　°세 가지 선물 _ 158
°함께 방주로 들어가자 _ 168
　°흘려보내라 _ 177
　°고심도치 구하기 _ 188
°나는 주님의 메시지입니다 _ 198

PROLOGUE

하나님의 사람이고픈 당신에게

나는 매일 세 가지 질문 앞에 섭니다.

하나님을 묵상하고 있는가?
간절하게 기도하고 있는가?
열정으로 전도하고 있는가?

평범한 이 세 가지 질문은 나를 깨어있게 합니다. 목회자 이전에 성도이며 하나님의 사람이 되기를 원하기 때문입니다. 성도의 삶은 나의 뜻을 성취하는 여정이 아닌 하나님의 뜻을 이루는 여정임을 믿기 때문입니다.

하지만 지금 우리의 모습은 어떻습니까. 복음을 전하기 주저하고, 전도라는 단어는 구시대의 유물처럼 변질되어 버렸습니다. 심하게 표현하면 세상 사람들이 가장 혐오하는 단어가 돼버린 것도 같습니다. 방법을 바꾸어야 할까요? 디자인을 바꾸면 될까요? 아닙니다. 다시 복음으로 돌아가야 합니다. 다시 예수님께로 돌아가자는 말입니다. 더 이상 우리의 힘으로는 안 됩니다. 하늘로부터 오는 힘이 필요합니다. 탈진하고 지쳐 있는 우리를 깨우는 힘은 복음입니다. 직장이 교회가 되고 가정이 교회가 되어야 합니다. 일상이 교회가 되어야 하는 것입니다. 복음으로 살아내야 하는 것입니다. 삶으로 증명해 내야 합니다.

이제 우리는 "나는 하나님의 사람입니다"라고 외쳐야 합니다. 투명인간 그리스도인에서 커밍아웃해야 합니다. 당당하게 자신의 정체를 밝혀야 합니다. 오히려 세상 속에서 주님의 메시지로 살아가야 합니다. 하나님께 속한 하나님의 사람이라는 선언은 그분께는 아름다운 신앙의 고백이요, 자기 자신에게는 거룩함에 대한 도전이며, 세상 사람들에게 대하여는 희생과 섬김에 대한 선언일 것입니다. 복음을 증명하며 살기가 쉽지 않은 세상입니다. 하지만 하나님의 사람인 우리는 하루하루를 선교사처럼 주님의 메시지가 되어 살아가야 합니다. 묵묵히 물을 거슬러 올라 알을 낳는 연어처럼 살아갈 때 그 도도한 거룩함에 세상이 주목하게 될 것입니다. 오늘도 주의 사랑이 우리를 강권하십니다.

축복합니다. 당신은 하나님의 사람입니다.

2017년 12월
도강록

#1. 그럼에도 불구하고 사랑

하나님이 세상을 이처럼 사랑하사

독생자를 주셨으니

이는 그를 믿는 자마다 멸망하지 않고

영생을 얻게 하려 하심이라

°요 3:16

하나님은
사랑이시라

　　조선시대는 백성을 네 가지의 신분으로 나누었습니다. 물론 공식적으로는 신분을 두 가지로 나누는 양천제였습니다. 법적인 신분은 양인과 천민의 두 분류로만 나뉘는 것입니다. 하지만 현실은 그렇지 않았습니다. 백성들은 양반, 중인, 상민, 천민 이렇게 네 계급으로 나뉘어졌고, 태어날 때부터 정해진 신분은 죽을 때까지 벗어나지 못하는 것이 원칙이었습니다.

　　가장 낮은 계급인 천민, 그중에서 특히 노비들은 주인에게 속해서 평생을 살았습니다. 사람이었지만 사람 취급을 받지 못했고, 물건처럼 누군가의 소유가 되거나 팔려가기도 했습니다. 부모가 노비면 자식도 노비였고, 노비의 주인들은 노비문서를 가지고 노비들을 속박했습니다.

하지만 노비 신분을 벗고 신분 상승을 할 수 있는 방법이 완전히 없는 것은 아니었습니다. 일종의 예외적인 경우가 있었던 것입니다. 임금이 특별히 면천(免賤, 천인이 본래의 신분을 벗어나 양인의 신분을 취득하는 것)시켜주는 일도 있었지만, 이것은 정말 찾아보기 힘든 이례적인 경우였습니다. 기적과도 같은 이 방법 외에, 노비 신분에서 벗어날 수 있는 방법에는 두 가지 방법이 있었습니다.

그 중 하나는 돈을 지불하는 것이었습니다. 아무리 노비라 해도 조금씩 돈을 모아 재산을 축적하거나 토지를 사서 소유할 수 있었고, 그렇게 꾸준히 돈을 모은 노비들은 그 돈으로 신분을 사는 것이었습니다. 돈이 있는 노비들은 양인이 되기 위해 속가(贖價)라는 돈을 내고 속량(贖良, 몸값을 받고 노비의 신분을 풀어 주어서 양민이 되게 하던 일)할 수 있었다고 합니다.

노비의 신분에서 벗어날 수 있는 또 다른 방법은 대신 노비가 될 다른 사람을 구하는 것이었습니다. 속량하고자 하는 노비와 같은 나이대이고, 비슷한 건강 상태를 가지고 있으며, 그 노비에 비해 뒤처지지 않는 능력과 힘을 지닌 다른 노비를 그 자리에 대신 보냄으로써 기존의 노비를 풀어주는 것이었습니다. 돈 대신 사람으로 갚는 것이지요. 이렇게 노비를 다른 것으로 대신하여 그의 노비된 신분에서 풀어주는 것, 이것을 '속량제도'라고 합니다.

이 '속량'이라는 단어는 생소하지만, 조선시대 역사 속에서만 볼 수 있는 것이 아닙니다. 현재를 살아가고 있는 우리도 '속량' 받은 사람들이라고 할 수 있습니다. 이 말이 무슨 뜻일까요? 이 시대에 조선시대와 같은 신분제는 다 사라지고 없습니다. 주인도 노비도 없는 시대, 모두가 평등한 시대인 것입니다. 제도적으로 속량 받아 양인이 된다는 개념은 사라진지 오래인데, 그럼 대체 우리는 무엇을 어떻게 속량을 받았다는 것일까요?

영적으로 인간은 죄에 속박된 '죄의 노예'입니다. 제도적으로나 법적으로 우리를 얽매고 있는 것은 없지만 우리는 태생적으로 죄의 노예입니다. 태초에 하나님이 인간을 창조하신 후로 인간은 반복적으로 죄의 구렁텅이에 빠지곤 했습니다. 하나님의 명을 어기고 선악과를 따먹었고, 바벨탑을 지어 하나님께 닿고자 하였고, 타락하고 방탕하여 하나님의 분노를 사 대홍수가 일어나기도 했습니다.

하지만 하나님은 인간을 너무나 지극히 사랑하십니다. 인간들이 잘못을 저지를 때마다 잘못한 것에 대하여 분노하시며 벌을 내리셨지만, 늘 한쪽엔 구원의 문을 열어놓으셨습니다. 그리고 마침내 자신의 하나뿐인 아들까지 이 땅에 보내셨습니다. 죄의 노예가 되어 결국 지옥에 갈 수밖에 없는 우리 영혼을 구원하시기 위해 독생자 예수 그리스도를 보내주신 것입니다.

예수님의 보혈로 우리는 '죄의 노예'인 신분에서 벗어나 자유하게 되었습니다. 이것이 바로 오늘날 우리가 입은 '속량의 은혜'입니다. 아무 죄도 없는 예수님께서 우리 대신 십자가에 못 박힘으로써 인류의 죄를 씻어 구원해주신 것입니다. 하나님은 왜 그렇게까지 하셨을까요? 어떻게 그럴 수 있었을까요? 이에 대한 답은 아주 짧고 명료합니다. 하나님은 우리를 지극히 사랑하시기 때문입니다.

2000년대 초반, 세계 경매 시장의 양대 산맥 중 하나인 영국 소더비즈(Sotheby's) 옥션하우스에서 '세계의 경매'라 불리는 경매가 있었습니다. 프랑스의 유명 패션 디자이너인 입생 로랑의 유품들이 경매에 올랐고 그의 의자는 약 424억, 전등갓 하나는 약 1억 5천만 원에 입찰되었습니다. 당시 경매를 두고 신문엔 이런 기사가 올라왔습니다.

「왜 사람들은 유명인의 소장품에 열광하는가.」

흔히 볼 수 있는 의자이고 전등에 씌워놓는 전등갓일 뿐인데 사람들은 왜 그렇게 어마어마한 가격을 주고 그것들을 가지려 했을까요? 이유는 한 가지입니다. 그 물건의 주인이 세계적으로 유명한 디자이너였기 때문입니다. 그냥 흔한 의자와 전등갓이 아니라, '유명한 누군가의' 의자, '유명한 누군가의' 전등갓이라는 특별함에 사람들은 어마어마한 돈을 지불한 것입니다.

우리는 하나님의 자녀입니다. 이렇게만 말하면 평범하게 보이지만, 하나님의 입장에서 보면 우리는 평범한 자녀가 아니라 '하나뿐인 아들 예수 그리스도를 주고 죄에서 구해낸 특별한' 자녀인 것입니다. 예수의 십자가로 구원한 사람들이라는 가치는 물건에 가격 매기듯 측정할 수조차 없는 특별한 가치입니다. 하나님은 사람의 기준으로는 측정할 수 없을 정도로 깊이 우리를 사랑하시는 것입니다.

> 하나님이 세상을 이처럼 사랑하사 독생자를 주셨으니 이는 그를 믿는 자마다 멸망하지 않고 영생을 얻게 하려 하심이라 하나님이 그 아들을 세상에 보내신 것은 세상을 심판하려 하심이 아니요 그로 말미암아 세상이 구원을 받게 하려 하심이라 °요 3:16-17

하나님이 세상과 인간을 너무나 사랑하신다는 것은 가장 아름답고 귀한 소식입니다. 방대한 성경의 전체 내용은 사실 이 한 줄로 요약될 수 있습니다.

'하나님은 우리를 사랑하신다.'

이 사랑의 증거가 바로 예수 그리스도입니다.

> 너의 하나님 여호와가 너의 가운데에 계시니 그는 구원을 베푸실 전능자이시라 그가 너로 말미암아 기쁨을 이기지 못하시며 너를 잠잠히 사랑하시며 너로 말미암아 즐거이 부르며 기뻐하시리라 하리라 °습 3:17

하나님은 이 한없는 사랑이 모든 사람에게 알려지기를 원하시며, 모든 사람이 하나님을 믿게 되기를 바라십니다. 그렇기에 끊임없이 우리를 은혜의 자리로 초청하시는 것입니다. 우린 하나님에게 선택을 받은 사람들입니다. 예수를 믿는 사람이든 믿지 않는 사람이든 기회는 동일하게 앞에 펼쳐져 있습니다. 하나님의 복음을 들을 기회, 구원의 기회가 말입니다.

구원의 기회는 언제 어디에서 나타날지 모릅니다. 어느 순간 그리스도인에게는 다른 사람에게 복음을 전할 기회가 올 것이고, 예수님을 믿지 않는 사람에겐 예수님을 만날 수 있는 기회가 찾아올 것입니다. 하나님은 무한한 사랑으로 우리를 위한 기회를 언제나 준비해놓고 계시며 우리가 그것을 잡기를 원하십니다.

하지만 문제는 우리가 그것이 언제일지 알 수 없다는 것입니다. 우리 마음대로 정해놓을 수도 없습니다. 예수님의 사랑을 말하고 싶어서 하나님의 은혜의 선물을 전하고 싶은 간절한 마음에 누군가를 초청하더라도 그들이 우리의 스케줄과 상황에 맞춰줄 순 없는 노릇입니다. 여러 가지 일로 바빠 마음의 여유가 없는 이 시대의 현대인들은 더욱 그렇습니다.

그렇다고 내가 원하는 시간과 장소에 우두커니 앉아 기다리는 것은 구원을 전할 기회를 제 발로 던져버리는 것과 마찬가지입니다. 언제 나타날 지 모를 기회를 잡기 위한 준비가 되어 있지 않다면, 우연히 누군가를 만나 복음을 전할 기회가 와도 아무 말도 하지 못하고 그냥 보내버릴 수도 있습니다. 다음에 다시 만날 수 있겠지, 기회가 있겠지 하는 생각은 버려야 합니다. 한 번 지나간 기회를 다시 잡기란 쉽지 않은 일입니다. 하나님은 우리가 기회를 잡고자 하며 하나님의 사랑을 전하고자 할 때 그 노력을 외면하지 않으십니다.

우연히 누군가를 만날 수 있다 라고 표현했지만 사실 그 우연이라는 것은 하나님께서 예비하신 필연입니다. 하나님은 하나님 사랑의 선물인 구원을 세상에 널리 알리고 싶어 하는 사람을 놓치지 않고 사용하십니다. 하루를 시작할 때, 어딘가를 가려고 하거나 누군가를 만날 때, 늘 기도로 준비하고 시작해야 합니다.

"하나님, 오늘 하나님이 선택하신 사람, 복음을 전해야 할 사람을 만나게 해주세요. 언제 어디서든 주님이 선택하신 사람을 만났을 때 그 기회를 놓치지 않도록 성령의 힘을 부어주시고 지혜를 주세요."

'나니아 연대기'라는 영화가 있습니다. 2005년에 개봉한 판타지 영화로 '사자, 마녀, 그리고 옷장'이라는 부제가 붙어 있습니다. 이 영화는 2차 세계대전 중 전쟁을 피해 멀리 떨어진 친척집으로 간 네 남매가 저택 다락방에 있던 마법의 옷장을 통해 환상의 나라 나니아로 가게 되고, 그곳을 지배하던 악한 마녀를 물리치고 나니아를 구해낸다는 내용을 담고 있습니다.

'나니아 연대기'는 동명의 소설을 원작으로 하고 있습니다. 원작 소설을 쓴 작가는 C. S 루이스(C. S. Lewis, 1898~1963)입니다. C. S 루이스는 20세기 영국 문학의 대표 작가이자 영문학자로, 무신론자였지만 회심하여 하나님을 믿게 된 인물로 널리 알려진 기독교 작가입니다.

C. S 루이스는 지옥에 대해 점진적인 곳이라고 표현했습니다. 점진적이라는 것은 조금씩 앞으로 나아가는 것을 말합니다. 지옥으로 가는 길은 커브도 없이 완만하게 진행된다는 것입니다. 처음부터 거칠고 위험한 길은 아예 발을 들이지도 않거나 혹 그 길을 가게 되더라도 벗어나기 위해 애쓸 것입니다. 끊임없이 경계하며 그 옆의 낭떠러지로 떨어지지 않으려 노력할 것입니다. 하지만 눈

치 채지도 못할 만큼 완만한 길이라면 괜찮겠지 하고 방심하다가 갑자기 발밑이 훅 꺼지며 천 길 낭떠러지로 떨어질 수 있습니다.

C. S 루이스의 말은 지옥으로 가는 길이란 완만하여 위험한 줄 모르지만 그 끝은 낭떠러지인 길과 같다는 말입니다. 하나님께서는 우리에게 이 길은 잘못된 길이라고 말씀하십니다. 지옥으로 향하는 길이니 멈춰 서서 구원의 길인 내게로 오라고 끊임없이 우리에게 손을 내밀고 계십니다. 내 생각에는 괜찮은 것 같다고 하며 하나님의 음성에 반응하지 않는 것은 구원의 기회를 놓쳐버리는 것입니다. 자녀를 지극히 사랑하는 부모가 자녀에게 좋지 않은 길을 안내하겠습니까? 하나님은 사랑이십니다. 사랑으로 우리를 지켜주시며 우리의 길을 인도하심을 잊지 말아야 합니다.

구원의 기회는 바로 지금 우리 앞에 있습니다. 모두에게 동일하게 말입니다. 믿는 자에겐 그 믿음을 행할 기회가, 믿지 않는 자에겐 하나님을 믿을 수 있는 기회가 펼쳐져 있습니다. 하나님은 차별 없이 모든 사람을 사랑하시기에 그 기회는 모두에게 동일하게 부어질 것입니다. 그 기회를 붙잡는 것은 각자의 몫입니다. 하나님의 사랑에 즉각적으로 반응해야 합니다. 다음에라는 말로 뒤로 미뤄서는 안 됩니다.

> 이는 그를 믿는 자마다 영생을 얻게 하려 하심이니라 °요 3:15

인생에 목마름이 없는 사람이 있을까요? 어떤 사람도 돈이나 명예로 인생의 목마름과 영적인 공허함을 채울 수는 없습니다. 물질적인 것은 일시적인 만족감만 줄 뿐 영원히 지속되지 못합니다. 우리를 지으신 창조주 하나님만이 그 목마름을 영원히 해결해주실 수 있습니다. 하나님의 자녀가 될 기회가 눈앞에 왔습니까? 망설이지 말고 반응해야 합니다. 내가 하나님의 사랑을 받아들이겠다고, 하나님의 사랑을 다른 사람에게도 전하겠다고 고백할 수 있길 소망합니다.

하나님의 열심

이천여 년 전, 수가성에 한 사마리아 여자가 살고 있었습니다. 사람들이 욕하며 피하는 여자였습니다. 유대인이 아닌 사마리아인이었고, 게다가 남편이 다섯 명이었으며 지금 함께 사는 남자도 남편이 아니었기 때문입니다. 사람들은 이 사마리아 여자를 향해 저주받았다고, 더럽고 음란하다고 손가락질했고 여자 또한 마을 사람들을 피해 다녔습니다.

그러던 어느 날, 여느 때처럼 여자는 아무도 나오지 않는 한낮에 물을 길으러 우물로 나갔습니다. 그런데 아무도 없을 줄 알았던 그 우물가에 한 남자가 앉아있었습니다. 그는 누구도 거들떠보지도 않던 여인에게 물을 한 잔 달라며 먼저 말을 건넸습니다. 그리고 여인과 대화하며 그녀가 느끼는 목마름과 공허함의 근원이 무엇인지를 깨닫게 해주었습니다. 늘 외톨이처럼 쓸쓸한 인생을 살았던 그녀가 그 남자와의 대화를 통해 영원히 목마르지 않을 생명수인 구원을 얻게 된 것입니다. 뜨거운 태양이 내리쬐는 우물가에 기꺼이 앉아 모두가 피하며 저주받았다 불리던 여인에게 열심으로 구원의 말씀을 베푼 한 남자, 그가 바로 예수님이십니다. 결국 저주받은 인생이던 그녀는 예수님의 그 '열심'덕분에 새로운 인생의 빛을 만나게 되었습니다.

예수님이 만난 사람들 중엔 콤플렉스 덩어리였던 한 남자도 있었습니다. 이 남자는 키가 굉장히 작아 어려서부터 사람들의 손가락질을 받았습니다. 그는 반드시 성공해서 그를 조롱했던 사람들을 밟아주겠다 다짐했고, 마침내 로마의 세리장이 되었습니다. 이 남자가 누구일까요? 바로 삭개오입니다.

삭개오는 자신이 바라던 대로 돈 많고 힘이 있는 사람이 되었지만 사람들은 여전히 삭개오를 뒤에서 조롱하며 욕하며 죄인이라 불렀습니다. 백을 걷어야 하면 삼백의 세금을 걷어 로마에 내고 남은 세금으로 자기 주머니를 채우는 부정한 방법으로 부자가 됐기 때문이었습니다.

그러던 어느 날, 여리고에 예수님이 온다는 소문이 들려왔습니다. 삭개오는 궁금함에 달려 나갔지만 키가 작아 군중에 휩싸인 예수님을 볼 수가 없었습니다. 그래서 그는 예수님을 보기 위해 돌무화과나무 위로 올라갔습니다. 그런데 바로 그때, 놀랍게도 예수님이 "삭개오야, 내려와라." 하며 그의 이름을 불렀습니다. 뿐만 아니라 삭개오의 집에서 머무르겠다고 하시며 그의 집으로 향했습니다. 이런 예수님의 행동을 사람들은 이해하지 못하고 수군거렸지만 삭개오는 뛸 듯이 기뻐하며 집으로 달려가 예수님을 영접했습니다. 마침내 삭개오는 예수님을 통해 깊은 마음의 감동을 얻었고, 그동안 부정하게 모았던 재물의 절반을 가난한 자들에게 주며 빼앗은 것은 네 배로 갚겠다고 약속했습니다.

삭개오와 수가성의 사마리아 여인, 그들은 모두 사람들로부터 지탄받는 죄인이었습니다. 하지만 예수님은 그들을 만나 열심히 대화하셨고 구원의 말씀을 전하셨습니다. 이 '열심'의 정체는 과연 무엇일까요? 무엇 때문에 그렇게 열정적으로 그들을 부르시고, 손 내미셨을까요?

> 하나님은 모든 사람이 구원을 받으며 진리를 아는 데에 이르기를 원하시느니라 °딤전 2:4

> 너희 안에서 행하시는 이는 하나님이시니 자기의 기쁘신 뜻을 위하여 너희에게 소원을 두고 행하게 하시나니 °빌 2:13

하나님은 모든 사람을 구원하고 싶어 하십니다. 예수 그리스도를 이 땅에 보내신 하나님의 그 놀라우신 일도 바로 '하나님의 열심'으로 인해 시작된 것입니다. 모든 사람을 구원하기 위한 하나님의 소원과 열정! 예수님이 이 땅에 오셔서 열심히 구원의 말씀을 전하고 사랑을 베푸신 것 역시, 그를 믿는 자마다 멸망하지 않고 영생을 얻게 하려 하시는 하나님의 놀라우신 사랑으로 말미암은 것입니다.

예수님은 나이가 많든 어리든, 계급이 높든 낮든, 인종과 성별을 막론하고 그 어떤 차별 없이 누구에게나 손을 내미셨고, 그들을 만나고자 하셨습니다. 모두가 기피하는 나병 환자에게 손을 내밀어 만져 낫게 하시고, 세리 마태의 집에서 식사를 하실 때도 많은 세리와 죄인들과 식탁에 함께 앉아 식사하셨습니다. 모든 도시와 마을을 두루 다니시며 회당에서 가르치시고 천국의 복음을 전파하시며 모든 병과 모든 약한 것을 고치신 것입니다(마 9:35). 이처럼 하나님의 '열심'은 차별을 두지 않으며 문자 그대로 '모든 사람'을 향합니다.

하지만 우리의 모습은 어떻습니까? 주변에서 쉽게 접할 수 있는 사람, 만만하게 대할 수 있는 사람, 마음에 드는 사람 등 조금이나마 편하고 가깝게 접할 수 있는 사람에게 먼저 다가가려 하지 않습니까?

그러나 하나님은 그렇지 않습니다. 어떻게 생겼는지, 성격이 어떤지, 어디에 사는지, 어떤 일을 하는지, 얼마나 나에게 유익이 되는지 등은 아무런 상관이 없습니다. 세계 열방, 저 먼 아프리카와 동아시아, 심지어 아마존 밀림 속 원주민까지 하나님은 세상 모든 사람을 기억하시고 그들의 이름을 친히 부르십니다.

누구든지 주를 믿으면 구원을 받게 하시는 것! 그것이 바로 하나님의 열심입니다. 하나님은 그리스도 예수 안에 있는 하나님의 생명이 '모든 사람'에게 축복의 선물로 전해지길 간절히 원하십니다. 예수님이 그 많은 군중 속에서 망설임 없이 삭개오의 이름을 부르신 것처럼, 하나님은 지금 이 순간에도 우리의 이름을, 우리 이웃의 이름을 열심으로 부르고 계십니다.

> 내가 진실로 진실로 너희에게 이르노니 내 말을 듣고 또 나 보내신 이를 믿는 자는 영생을 얻었고 심판에 이르지 아니하나니 사망에서 생명으로 옮겼느니라 °요 5:24

돈을 많이 가지고 있다고 해서, 많이 배웠다고 해서, 외롭지 않고 고됨이 없으며 목마르지 않은 것이 아닙니다. 썩어지고 냄새나는 속사람을 바꿀 수 있는 건 오직 예수님뿐입니다. 예수를 믿는다는 것은 사망에서 생명으로 옮겨진다는 것이고, 예수를 믿는 자는 믿는 그 순간부터 하나님의 자녀입니다. 아버지 되시는 하나님이 우리의 인생을 책임져 주시며 생명으로 이끄실 것을 확신하는 믿음! 우리는 이 기쁜 소식에 감사하며 이 복음을 널리널리 알려야 합니다.

삭개오가 그러했듯이 예수님을 조금이라도 아는 사람은 잠시 흔들려도, 고난 속에 있다가도 그분을 향해 달려갈 수 있습니다. 앞을 가로막는 수많은 방해 세력을 물리치고 예수님을 보기 위해 높은 나무까지 오를 수 있습니다. 하지만 지금 이 세대엔 들려오는 소문조차 듣지 못하고 영혼이 갇힌 사람들이 많이 있습니다. 우리의 몫은 그 잃어버린 영혼을 찾고 낙심한 영혼들을 깨워 함께 하나님 앞에 나아가는 것입니다. 하나님은 굳게 닫힌 문 안에 있는 이웃들까지 모두 그분 앞에 나오길 원하십니다. 모든 사람을 향한 하나님의 열심을 우리 또한 닮아야 할 것입니다.

> 하나님이 세상을 이처럼 사랑하사 독생자를 주셨으니 이는 그를 믿는 자마다 멸망하지 않고 영생을 얻게 하려 하심이라 °요 3:16

하나님의 열심은 다른 말로 하면 무한한 사랑입니다. 그 사랑의 온도에는 한계가 없습니다. 그 사랑의 온기가 미치지 못할 곳은 없고, 물들이지 못할 사람도 없습니다. 누구든지 하나님의 곁에 앉기만 해도 그 뜨겁고 넘치는 사랑으로 얼어붙은 몸과 마음을 녹일 수 있습니다. 사람은 상상할 수도 없는 간절함과 강한 열심으로 영혼을 구원하고자 하시는 하나님께 신앙의 코드를 맞추십시오. 내 삶의 방향키를 하나님을 향해 놓으십시오. 그리고 하나님의 형상대로 지음을 받은 우리도 하나님이 열심을 닮아 사랑으로 세상을 향해 나아가야 합니다. 사도 바울의 고백처럼, 하나님의 중매자로 바로 서서 그분의 세우심을 믿으며 나아가야 합니다. 우리 안에 하나님의 열심을 닮아 불타오를 수 있는 성령의 불이 임하기를 소망합니다.

> 내가 하나님의 열심으로 너희를 위하여 열심을 내노니 내가 너희를 정결한 처녀로 한 남편인 그리스도께 드리려고 중매함이로다
> °고후 11:2

하나님과 세상 사이의 거룩한 중매자가 되는 것. 우리의 역할은 바로 이것입니다. 사람이 인간적인 방법이나 재능으로 다른 사람을 그 속까지 변화시킬 수 있을까요? 절대 그럴 수 없습니다. 그것

은 오직 하나님만이 하실 수 있는 일입니다. 우리는 그저 우리를 향한 하나님의 사랑과 계획을 세상에 전하기만 하면 됩니다. 열심을 가진 거룩한 중매자가 되어 세상을 향한 하나님의 뜻을 전하면 그 다음은 하나님께서 이루실 것입니다. 세상을 향한 하나님의 열심이 죄인이던 우리를 사망에서 생명으로 구원할 것입니다.

우리는 하나님의 형상을 따라 지음을 받은 거룩한 존재들입니다. 우리 안에도 세상을 향한 하나님의 열심이 가득하길 바랍니다.

'그러나'의 은혜

성경에는 하나님의 명령에 따라 음란한 여자와 결혼한 한 남자가 나옵니다. 여기에서 음란하다는 것은 육체적, 성적으로 방종하고 문란하다는 것만을 얘기하는 것이 아닙니다. 성경 속에서 음란하다는 말은 하나님을 섬기지 않고 우상을 섬기는 것도 포함하고 있습니다. 하지만 남자는 하나님께 순종하는 믿음의 사람이었습니다. 그런데도 하나님은 행실이 올바르지 못하고 우상을 섬기는 여자와 결혼하라고 명령하신 것입니다. 인간적인 생각으로는 도무지 이해하기 힘들었을 것 같은 하나님의 명령에 순종하여 남자는 음란한 여자와 결혼을 했습니다.

이 남자는 바로 선지자 호세아입니다. 하나님은 호세아에게 왜 이런 명을 내리신 걸까요? 세상의 눈으로만 보면 이해하기 힘들 것입니다. 하지만 하나님이 하시는 모든 일에는 하나님의 나라를 위한 분명한 목적이 있습니다. 하나님은 호세아를 음란하고 타락한 여자와 결혼시킴으로써 호세아를 통해 당시의 이스라엘 백성에게 하나님의 뜻을 전하고자 하신 것입니다. 그때 호세아가 전했던 하나님의 음성은 오늘날 우리에게도 동일하게 들려오고 있습니다. 음란한 여자와 결혼한 선지자 호세아를 통해 하나님이 무엇을 말씀하고 계시는지 알기 위해서는 먼저 호세아서에 대한 이해가 필요합니다.

구약성서인 호세아서는 선지자 호세아의 사역을 기록한 것입니다. 전체 14장 중 1장부터 3장은 호세아와 그와 결혼한 음란한 여인인 고멜의 이야기가 기록되어 있고, 4장부터 14장까지는 호세아가 살았던 당시의 이스라엘 백성의 타락과 하나님의 구원에 대해 말하고 있습니다. 당시 이스라엘은 사회적으로 풍요로운 시기였습니다. 하지만 백성들은 향락에 빠져 방탕한 생활을 했고, 하나님을 외면한 채 우상 숭배를 일삼는 등 신앙적으로 매우 타락한 모습을 보여주고 있었습니다. 호세아의 음란한 아내 고멜은 바로 그때의 타락한 이스라엘 백성을 상징합니다.

> 여호와께서 처음 호세아에게 말씀하실 때 여호와께서 호세아에게 이르시되 너는 가서 음란한 여자를 맞이하여 음란한 자식들을 낳으라 이 나라가 여호와를 떠나 크게 음란함이니라 하시니 °호 1:2

고멜은 하나님 앞에 불순종하고 음행을 행하였습니다. 신앙적으로도 하나님을 멀리 떠나있는 사람이었습니다. 심지어 결혼을 한 후에도 남편인 호세아를 두고 가출까지 하고, 집안의 재물을 다른 곳에 방탕하게 써버리는 여자였습니다.

> 그들의 어머니는 음행하였고 그들을 임신했던 자는 부끄러운 일을 행하였나니 이는 그가 이르기를 나는 나를 사랑하는 자들을 따르리니 그들이 내 떡과 내 물과 내 양털과 내 삼과 내 기름과 내 술들을 내게 준다 하였음이라 °호 2:5

여기서 말하는 그들의 어머니란 고멜을 말합니다. 성경은 고멜이 집을 나간 것에 대해 얘기하고 있는데, 그 이유는 고멜이 한 말을 통해 알 수 있습니다. 고멜의 말을 보면 반복적으로 나오는 한 단어가 있습니다.

고멜의 말에서 반복되는 단어는 바로 '나'입니다. 누군가 반복적으로 쓰는 단어를 주목해서 봐야하는 이유는 그 말에서 그 사람의 생각과 평소의 관점을 볼 수 있기 때문입니다. 고멜의 마음속엔 '나'밖에 없는 것입니다. 이것은 단순히 그 사람이 이기적이라는 것이 아닙니다. 모든 행동과 생각의 중심에 '나'만을 두고 움직이는 것은 육적인 사람의 특징입니다. 영적이지 못하다는 것입니다. 먹는 것, 입는 것 등 이 땅에서 누리는 것과 눈에 보이는 것만 믿고 추구한다는 것입니다. 하나님은 이러한 육적인 것들은 이방인들이나 구하는 것이라 하셨습니다.

> 그러므로 염려하여 이르기를 무엇을 먹을까 무엇을 마실까 무엇을 입을까 하지 말라 이는 다 이방인들이 구하는 것이라 너희 하늘 아버지께서 이 모든 것이 너희에게 있어야 할 줄을 아시느니라 그런즉 너희는 먼저 그의 나라와 그의 의를 구하라 그리하면 이 모든 것을 너희에게 더하시리라 °마 6:31-33

영적인 사람이 구해야 될 것은 오직 하나님의 나라 뿐입니다. 하나님께서는 우리에게 필요한 것을 다 알고 계십니다. 우리가 하나님의 뜻을 따를 때 우리에게 필요한 다른 것은 모두 하나님께서 능히 알아서 채워주십니다. 하지만 육신의 필요와 눈에 보이는 세상의 가치만을 따르는 육적인 사람은 '나'를 중심으로 하는 욕망만을 쫓습니다. 고멜과 이스라엘 사람들이 그러했듯이 말입니다.

호세아와 고멜 사이에서 난 아이들의 이름에서도 하나님께서 당시 이스라엘에 대해 어떻게 생각하고 계셨는지를 알 수 있습니다. 하나님께서는 호세아에게 아이들의 이름을 직접 내려주셨습니다. 첫째 아들의 이름은 '이스르엘'로 '하나님의 자손 또는 하나님의 씨앗'이라는 뜻을 가지고 있습니다. 이 이름은 앞으로 이스라엘 백성에게 다가올 심판을 암시하는 것입니다. 둘째 아이는 딸이었는데 하나님께서 이름을 '로루하마'로 짓게 하셨습니다. 이는 '긍휼이 여김을 받지 못함', 즉 이제 더는 이스라엘에게 긍휼과 자비는 없다는 뜻을 내포하고 있습니다. 하나님께서는 마지막 셋째 아들에게는 '로암미'라는 이름을 주셨습니다. 이 이름의 뜻은 '내 백성이 아니다.' 입니다.

하나님께서는 호세아에게 주시는 자녀들의 이름을 통해 서서히 이스라엘에게 하나님의 뜻을 보여주셨습니다. 고멜이 낳은 세 명의 자녀는 곧 이스라엘 백성들이 행한 방종과 타락이자, 그들이 불러일으킨 하나님의 분노와 심판을 상징한다고 볼 수 있습니다. 하나님께서는 호세아를 통해 이스라엘은 더 이상 참아주지 않을 것임을 알려주신 것입니다.

모세와 함께 이집트에서 나와 광야를 헤맬 때 이스라엘 백성은 하나님 앞에 정결함을 지켜냈습니다. 물론 광야의 시간 가운데 위기도 있었습니다. 하지만 광야를 방랑하면서 걸러져야 할 사람들은 다 걸러지게 됐고, 순결한 사람들만이 남아 하나님께서 약속하신 가나안 땅으로 들어갔습니다. 광야에서는 이스라엘 백성들이 가진 것이 너무 없었기 때문에 하나님을 더욱 붙잡을 수밖에 없었습니다. 그래서 혹독한 상황 속에서도 신앙의 정결함과 믿음을 지킬 수 있었던 것입니다.

하지만 가나안으로 들어가 하나님이 부어주신 축복을 누리기 시작하면서 사람들은 세상의 유혹에 빠지게 되었습니다. 백여 년 동안 태평성대가 이어지며 점차 하나님을 찾지 않게 되었고, 자신의 풍요로움과 쾌락에만 안주하게 되었던 것입니다.

> 그가 그 사랑하는 자를 따라갈지라도 미치지 못하며 그들을 찾을지라도 만나지 못할 것이라 그제야 그가 이르기를 내가 본 남편에게로 돌아가리니 그 때의 내 형편이 지금보다 나았음이라 하리라
> °호 2:7

하나님께서는 고멜이 자신을 사랑해주는 것 같은 남자를 쫓아 나갈간다 하더라도 그를 붙잡지 못할 것이라 말하고 있습니다. 고멜이 찾았던 모든 물질적인 것과 쾌락은 허상과 같으며 사람의 힘으로 손아귀에 쥘 수 없는 것이기 때문입니다. 그 모든 것은 하나

님께서 우리에게 허락해주셔야 하는 것입니다. 집을 떠나버린 고멜이 뒤늦게야 호세아에게 돌아가야 하겠다고 깨닫게 되는 것처럼 하나님을 떠난 이스라엘 백성은 하나님께로 돌아가야 살 수 있었습니다.

오늘날 우리도 마찬가지입니다. 하나님께서 호세아를 통해 이스라엘의 잘못을 말씀하시며 그들로 하여금 제자리로 돌아오게 하려 하신 것처럼, 하나님은 지금 우리에게도 세상에 휩쓸리지 말고 제자리로 돌아오라 말씀하고 계십니다. 우리의 제자리, 바로 예수 그리스도 말입니다.

> 여호와께서 내게 이르시되 이스라엘 자손이 다른 신을 섬기고 건포도 과자를 즐길지라도 여호와가 그들을 사랑하나니 너는 또 가서 타인의 사랑을 받아 음녀가 된 그 여자를 사랑하라 하시기로 °호 3:1

집 나갔던 고멜이 돌아오고자 할 때 보통 사람이라면 감히 어딜 돌아오느냐고 호통 치며 쫓아내는 것이 자연스러운 반응일 것입니다. 하지만 호세아는 달랐습니다. 하나님께서 그에게 하신 말씀을 들었던 것입니다. 호세아는 이스라엘 백성들이 우상을 숭배하고 쾌락에 빠져도 하나님께서 끝까지 그들을 사랑한다는 것을 전했습니다. 이스라엘을 벌하고 심판하겠다고 말씀은 하지만 그래도 하나님은 이스라엘을 사랑하신다는 것입니다. 하나님은 호세아에게 고멜을 위해 돈을 내고 그녀를 사오라고까지 말씀하셨습니다. 돈을 내고 사야 한다는 것은 고멜이 창녀가 되었다는 것일 텐데 말입니다. 그럼에도 불구하고 고멜을 되찾아오라는 것입니다. 이것만 보아도 이스라엘 백성을 향한 하나님의 사랑이 얼마나 크고 깊은 것인지 알 수 있습니다.

호세아는 진정한 하나님의 사람이었습니다. 그는 하나님이 고멜과 자신의 결혼 생활을 통해 이스라엘 백성에게 무엇을 말씀하고자 하시는지 정확히 알고 있었습니다. 그렇기에 하나님의 말씀에 순종했고, 이스라엘 백성들에게 자신의 가정을 통해 하나님이 전하고자 하시는 메시지를 크게 외쳤던 것입니다.

그럼에도 불구하고 사랑한다는 하나님의 마음은 사람으로선 도저히 상상할 수 없는 것입니다. 고멜을 돈을 주고 다시 사왔다는 것이 무엇을 의미하는 것이겠습니까. 바로 예수님께서 우리를 대신해 값을 치르고 십자가에서 돌아가신 것과 같은 것입니다. 하나님께서는 당시 타락했던 이스라엘 백성에게도, 예수 그리스도를 통해 우리를 속량해주신 그 구원의 은혜를 동일하게 부어주시고자 하신 것입니다.

고멜은 호세아에게 돌아가겠다, 차라리 그때가 나았다라고 말은 하면서도 남편이 벌어다 준 것을 들고 다시 밖으로 나가 우상 숭배하는 데 써버리고 다른 남자들에게도 주었습니다. 지금 우리는 어떻습니까? 고멜처럼 음란하지 않다라고 말할 수 있을까요?

겉으로 드러나게 방탕한 생활하며 우상을 숭배하는 것만 음란한 것이 아닙니다. 예수님의 십자가 덕분에 구원을 얻고 은혜의 삶을 누리면서도 하나님께 감사하며 돌려드리지 못하고 엉뚱한 곳에 하나님이 허락하신 시간과 복을 써버립니다. 지금 우리 삶의 중심에 무엇이 있는지, 우선순위에 놓고 생각하는 것이 무엇인지 돌이켜 생각해보면 우리 역시 고멜과 크게 다르지 않다는 것을 깨닫게 됩니다.

> 그 중에 이 세상의 신이 믿지 아니하는 자들의 마음을 혼미하게 하여 그리스도의 영광의 복음의 광채가 비치지 못하게 함이니 그리스도는 하나님의 형상이니라 °고후 4:4

이 세상의 수많은 신들은 믿지 않는 사람들의 마음을 유혹하고 혼란스럽게 하여 하나님이 주시는 구원의 광채가 비추지 못하도록 막아버립니다. 믿지 않는 사람들뿐만 아니라 믿는 사람들도 이런 유혹에 쉽게 흔들립니다. 이 세상의 신이란 무엇일까요. '신'이라는 단어로 표현하고 있지만 이것이 영적인 존재만을 말하는 것은 아닙니다. 아주 쉬운 예로 늘 우리 곁에 있는 휴대폰을 들 수 있습니다. 운전하면서도 보고, 일하다 잠깐 짬이 나면 어김없이 휴대폰을 보고 있습니다. 지하철에서도 모두가 일제히 고갤 숙이고 자기 휴대폰을 들여다보고 있는 모습을 쉽게 발견할 수 있습니다. 주님의 음성을 듣고 살아야하는데 휴대폰 메신저 알림을 듣고 사는 것입니다. 과장해서 말하는 것이 아닙니다. 휴대폰처럼 평범하고 지극히 일상적인 물건조차도 우리가 그것에 마음을 뺏기고 다른 것보다 우선하는 순간 우상이 됩니다. 우리의 마음을 혼돈케 하고 하나님으로부터 우리를 멀어지도록 미혹하는 이 세상의 새로운 신이 되는 것입니다.

하나님께서는 은혜를 헛되이 쓰며 불순종하는 자들을 보며 분노하십니다. 그리고 아파하십니다. 그러나 그럼에도 불구하고 여전히 사랑하십니다. 하나님의 은혜는 그럼에도 불구하고 사랑하시는 '그러나'의 은혜입니다.

> 그러나 내가 유다 족속을 긍휼히 여겨 그들의 하나님 여호와로 구원하겠고 활과 칼이나 전쟁이나 말과 마병으로 구원하지 아니하리라 하시니라 °호1:7

> 그러나 이스라엘 자손의 수가 바닷가의 모래 같이 되어서 헤아릴 수도 없고 셀 수도 없을 것이며 전에 그들에게 이르기를 너희는 내 백성이 아니라 한 그 곳에서 그들에게 이르기를 너희는 살아 계신 하나님의 아들들이라 할 것이라 °호 1:10

호세아와 고멜의 자녀들에게 심판과 분노의 이름을 주셨지만 하나님은 이스라엘 백성을 버리지 않으셨고 오늘날 우리 또한 버리지 않으실 것입니다. 우리를 영원히 사랑하겠다고 하신 하나님의 약속은 변함이 없고 거짓이 없기 때문입니다. '로암미'(내백성이 아니다)를 '암미'(내백성)로 '로루하마'(긍휼히 여기심을 받지 못한자)를 '루하마'(긍휼히 여김을 받은자)로 회복시키시는 하나님의 사랑은 영원합니다. 세상 모든 것이 변질되더라도 하나님의 사랑은 변질되지 않습니다. 때로 잘못된 것에 대해 채찍질하실 때도 있습니다. 하지만 옳은 길, 주님의 길을 위해 채찍질하는 것이지 관계를 완전히 단절시키며 우리를 버리려는 것이 아닙니다.

> 나는 인애를 원하고 제사를 원하지 아니하며 번제보다 하나님을 아는 것을 원하노라 °호 6:6

하나님은 인애의 하나님이십니다. 인애란 히브리어 '헤세드'를 번역한 말입니다. '헤세드'는 어질고 자비로움, 약속에 기초한 변함없는 사랑이라는 의미를 가지고 있습니다.

인애의 하나님, 헤세드의 하나님! 우리 하나님은 변질되지 않고 거짓이 없으시며 모든 것이 합력하여 선이 되게 하시는 사랑의 하나님이십니다. 우리가 방황하고 하나님께 불순종하더라도, 그럼에도 불구하고 우리를 향한 구원의 약속과 하나님의 사랑은 변치 않을 것입니다.

잊혀진 단어,
괜찮아

우리는 어둡고 힘든 세상을 살고 있습니다. 뉴스를 봐도 긍정적이기보다는 부정적인 뉴스가 많습니다. 세상은 너무나 바쁘게 돌아가고 있고, 우리는 주변의 많은 것을 놓치고 잊어버린 채 살아갑니다. 잊어버린 것이 무엇인지 돌아보는 것도 쉽지 않습니다. 미처 알아차리기도 전에 다시 숨가쁘게 앞만 보며 달려가야 하기 때문입니다.

이 시대와, 이 시대 속에서 살아가고 있는 우리를 돌아보면 마치 벤츠 자동차를 보는 것 같습니다. 훌륭한 외관과 옛날보다 업그레이드된 기능을 갖추고 있지만 브레이크가 고장나버린 벤츠 말입니다. 과거보다 겉은 세련됐고 기능도 많아지고 좋아졌지만,

가장 중요한 동력인 엔진과 브레이크가 고장나버려 가파른 내리막길을 멈출 줄 모르고 위태롭게 내달리고 있는 것입니다.

오늘날 숨가쁘게 조여대며 자신을 돌아볼 틈조차 얻기 어려운 우리에게는 영혼의 브레이크를 걸어줄 무언가가 필요합니다. 메말라 바닥을 드러내고 갈라져버린 마음을 회복시켜줄 한 모금의 생명수가 간절합니다. 영혼이 내리막길을 내달리며 하염없이 나락으로 떨어지다 사라져버리기 전에, 누군가 우리를 멈추게 해줄 수 있는 위로의 한 마디를 해주면 좋겠습니다. 이런 따뜻한 말 한 마디 말입니다.

"괜찮아."

짧은 이 한 마디가 지친 영혼에게 얼마나 큰 위로가 되는지 모릅니다. 힘을 내라는 말보다 '괜찮다'라고 하는 한 마디에는 더 큰 위로와 사랑이 담겨져 있습니다. 지금 너의 상태가 어떻든 다 받아들일 수 있다는, 너의 모습 그대로를 인정하고 안아주고 싶다는 따뜻한 마음이 느껴집니다. 그렇기에 괜찮다는 말을 들으면 힘들어 굳어버린 마음이 사르르 녹는 것만 같습니다.

그런데 언젠가부터 우리의 말과 생각 속에서 '괜찮다'라는 말이 사라져버린 것 같습니다. 괜찮다는 말을 하면 나약해보인다는 인식이 강해진 탓인지 TV 속 드라마에서도, 일상 속 사람들의 대화

속에서도 "괜찮아, 그럴 수도 있지."라는 말을 들어보기가 어려워졌습니다. 심지어는 우리 자신에게도 그런 말을 해주는 것에 인색해진 것 같습니다.

그런데 나에게도 남에게도 잘 하지 않고 잊혀져가는 이 말을 오늘도 우리에게 수없이 되풀이하고 있는 분이 계십니다. 그분은 하루도 빠짐없이, 매순간 우리에게 괜찮다고 말씀해주고 계십니다. 다만 우리가 제대로 듣지 못하고 있을 뿐입니다.

바로 하나님이십니다. 하나님께서는 오늘도 우리를 향해 끊임없이 이렇게 말씀하고 계십니다.

"괜찮다, 문제 없단다."

하나님의 말씀이 기록된 성경 속에 '괜찮다'라는 말이 나오지는 않습니다. 눈에 보이는 문자로 기록되어 있진 않지만 '괜찮다'라는 말은 예수 그리스도께서 지신 십자가의 핵심 정신입니다. 하나님의 사랑과 용서를 표현하는 모든 말은 이 한 문장으로 귀결될 수 있습니다.

"괜찮다. 내 안에 있다면, 네가 돌아왔다면 괜찮다. 내가 너와 함께 하니 괜찮다."

십자가 위에서 예수님께서 돌아가실 때 그 아래에서 울고 있던 여인들을 위로하신 후 "다 이루었다"라고 하신 말씀도 이렇게 바꿔 이야기할 수도 있을 것입니다.

"괜찮다. 나는 이렇게 고통 받아도 괜찮다. 너희가 그렇게 죄책감 느끼지 않아도 괜찮다."

요한복음 8장엔 간음하다 붙잡힌 여자의 이야기가 나옵니다. 서기관과 바리새인들이 그 여자를 예수님 앞으로 끌고 와 예수님께 물었습니다. 율법에선 간음한 여자를 돌로 치라 명했는데 예수님께선 어떻게 하시겠냐고 말입니다. 바리새인들의 질문에 예수님께선 이렇게 대답하셨습니다.

"너희 중에 죄 없는 자가 먼저 돌로 쳐라."

사람들은 예수님의 이 말씀에 양심의 가책을 느끼고 그 자리를 떠나버렸습니다. 간음하여 끌려왔던 여자와 예수님만 남자 예수님은 여자에게 말씀하셨습니다.

> 예수께서 일어나사 여자 외에 아무도 없는 것을 보시고 이르시되 여자여 너를 고발하던 그들이 어디 있느냐 너를 정죄한 자가 없느냐 대답하되 주여 없나이다 예수께서 이르시되 나도 너를 정죄하지 아니하노니 가서 다시는 죄를 범하지 말라 하시니라 °요8:10-11

예수님께서 여자에게 뭐라고 말씀하신 것입니까? "괜찮다"고 말씀해주신 것입니다. 하지만 조건은 있습니다. 다신 죄를 짓지 말라는 것입니다. 하나님의 뜻은 우리가 죄를 지었을 때 죽이고 정죄하는 것이 아닙니다. 죄인으로 하여금 그 죄를 돌이켜 회개하게 하여 다시는 죄를 짓지 않도록 하는 것이 하나님의 뜻입니다. 괜찮으니 앞으로 다시는 그 죄의 길로 가지 않길 원하시는 것입니다. 이것이 주님의 마음이고 사랑입니다. 우린 이 사랑에 빚진 자들입니다. 그렇기에 하나님이 우리에게 하셨듯이 우리도 다른 사람에게 괜찮다고 말할 수 있어야 합니다.

성경에는 하나님의 위로와 사랑에 빚진 사람들의 이야기가 많이 나옵니다. 그중에서도 눈에 띄는 사람은 아마도 사도 바울일 것입니다. 그는 주님을 만나기 전 사울이라는 이름으로 예수 믿는 자들을 핍박하던 사람이었습니다. 바울은 사울이었던 시절의 자신을 가리켜 스스로 폭행자라고 불렀습니다. 하나님에 대해 증거하고 예수님을 전하던 스데반을 신성모독죄로 대중 앞에서 돌로 쳐죽인 것이 바로 폭행자 사울이었습니다. 그랬던 그가 다메섹으로 가던 길에서 예수님을 영접한 후 이름까지 바울로 바꾸고 새사람으로 거듭났습니다. 예수님을 만나 거듭난 후 바울은 이런 고백을 했습니다.

> 나를 능하게 하신 그리스도 예수 우리 주께 내가 감사함은 나를 충성되이 여겨 내게 직분을 맡기심이니 내가 전에는 비방자요 박해자요 폭행자였으나 도리어 긍휼을 입은 것은 내가 믿지 아니할 때에 알지 못하고 행하였음이라 °딤전 1:12-17

바울은 복음을 전파하던 그리스도인들을 잡아 돌로 쳐 죽이는 등의 일을 했던 스스로를 가리켜 비방자, 박해자 그리고 폭행자라고 고백했습니다. 그때는 알지 못했지만 이제 예수님 앞에 서서 다시 자신을 돌아보니 과거에 그가 행했던 일이 얼마나 악한 일인 것인지 알게 된 것입니다.

> 미쁘다 모든 사람이 받을 만한 이 말이여 그리스도 예수께서 죄인을 구원하시려고 세상에 임하셨다 하였도다 죄인 중에 내가 괴수니라 °딤전 1:15

자신을 괴수라 부르는 바울은 기쁨으로 고백하고 있습니다. 그런 악한 일을 하였던 자신을 주님께서 용서하시고 받아들이셔서 하나님의 사도로 삼으시고 종으로 쓰신 것에 감사하며 기뻐하고 있는 것입니다.

바울은 죄인을 구원하시려 이 땅에 오신 예수님의 은혜와 사랑을 온 몸으로 체험한 사람이었습니다. 그 사랑으로 말미암아 사망에서 생명으로 옮겨왔으니 기쁨의 고백이 저절로 흘러나오는 것도 당연한 것입니다. 한이 없는 깊은 사랑에 빚진 자임을 알기에 바울은 평생을 복음에 헌신하는 생을 살았습니다. 폭행자였고 괴수와 같은 자였지만, 예수님을 핍박한 과거를 가지고 있었지만, 그럼에도 불구하고 하나님은 바울에게 "괜찮다"라고 말씀해주시며 품어 안으셨습니다.

한때 괴수와 같던 죄인도 풍성한 영광의 복음으로 죄를 다 덮으시는 은혜! 예수님의 십자가의 보혈로 씻으시는 그 은혜가 아니면 우린 주님 앞에 나아갈 수 없습니다. 자기의 죄를 철저하게 깨달은 사람은 하나님의 사랑과 괜찮다는 위로가 얼마나 큰 것인지 깨닫게 됩니다. 나의 죄가 크고 깊을수록 나를 용서하고 품으신 하나님의 은혜는 더 크고 더 깊어집니다. 이것이 바울이 깨달은 복음의 핵심입니다.

하지만 한 가지 기억해야할 것이 있습니다. 우리가 먼저 다른 사람을 용서해야 우리를 향한 하나님의 사랑과 용서가 완성된다는 것입니다. 하나님은 우리에게 괜찮다고 말씀하시며 그의 앞으로 나아오기만 하면 된다고, 모든 것을 용서한다고 말씀해주시지만 우리가 먼저 누군가를 완전히 용서하기 전에는 하나님께 용서

받을 수 없습니다. 바꿔 말하면 이것입니다. 죄인 중의 죄인인 우리를 하나님께서 용서해주셨는데도 우리는 정작 다른 사람을 용서하지 못하고 그를 정죄한다면, 우리를 품으신 하나님의 용서도 사라진다는 것입니다. 하나님이 우리를 불쌍히 여기고 위로해주심 같이 우리도 우리의 이웃에게 그렇게 해야 합니다.

내가 용서해야할 사람이 있습니까? 그럼 그 사람에게 가서 "괜찮다" 말해주며 그를 용서해주십시오. 하나님이 사랑과 용서를 보여주신 것은 우리에게 본을 보여주신 것입니다.

주인에게 만 달란트를 빚지고 갚지 못한 하인이 있었습니다. 주인은 그를 불쌍히 여겨 빚을 모두 탕감해주었고, 하인은 기뻐하고 감사하며 집으로 돌아갔습니다. 그런데 용서 받은 이 하인은 자신에게 백 데나리온(로마의 은화로 당시 1데나리온은 노동자들의 하루 품삯이었다.)을 빚지고 갚지 못한 사람을 감옥에 집어 넣어버렸습니다. 백 데나리온은 만 달란트(히브리 화폐 중 가장 큰 단위로 1달란트가 약 6000데나리온이다.)에 비하면 정말 적은 액수의 돈입니다. 하인은 주인으로부터 평생을 갚아도 갚지 못할 큰돈을 탕감 받았으면서도 정작 자신은 은혜를 베풀지 않은 것입니다. 만 달란트의 빚을 탕감받은 하인이 정작 자신에게 겨우 백 데나리온을 빚진 자는 용서하지 않고 빚을 갚으라며 감옥에 집어넣어 버렸다는 소식은 주인의 귀에

들어갔습니다. 하인이 이같이 했다는 소식을 들은 주인은 크게 노하여 이렇게 했습니다.

> 이에 주인이 그를 불러다가 말하되 악한 종아 네가 빌기에 내가 네 빚을 전부 탕감하여 주었거늘 내가 너를 불쌍히 여김과 같이 너도 네 동료를 불쌍히 여김이 마땅하지 아니하냐 하고 주인이 노하여 그 빚을 다 갚도록 그를 옥졸들에게 넘기니라 °마 18:32-34

예수님이 이 비유를 말씀하신 이유가 있습니다. 베드로가 예수님께 형제가 내게 죄를 지으면 일곱 번까지 용서하면 되겠냐고 여쭤보았습니다. 그러자 예수님은 일곱 번씩 몇 번이라도, 일곱 번을 일흔 번까지라도 용서하라 하시며 이 비유를 말씀해주셨습니다. 성경에서 7이라는 숫자는 완전한 숫자입니다. 베드로가 일곱 번을 용서하겠다고 말한 것은 완전히 용서하겠다는 의미입니다. 하지만 예수님은 그것도 부족하다고 말씀하셨습니다. 용서엔 한계도 없고 제한도 없는 것입니다. 하나님은 용서하고 또 용서하며 끝까지 용서하십니다.

자신이 받은 용서와 사랑을 깨닫지 못하고 받은 대로 베풀지 않은 악한 종의 모습은 바로 우리의 모습일 수도 있음을 기억해야 합니다. 우리는 하나님의 사랑을 받았습니다. 두려워하고 있어도 괜찮다고, 낙심하고 실패해 하나님을 원망하고 멀어졌더라도 괜찮다고 말씀해주시는 그 사랑을 말입니다. 그렇다면 우리도 다른 사람에게 그렇게 말할 수 있어야 합니다.

"괜찮아. 다 괜찮습니다."

이 시대 가운데 잊혀져버린 이 말을 되찾을 수 있게 되길 소망합니다. '괜찮아'는 낙심한 우리를 다시 일어서게 하는 은혜의 말입니다. 죄를 지은 우리에게 다시금 하나님을 위해서 살아갈 수 있도록 힘을 공급해주는 말입니다. 그리고 두려움에 가득 찬 우리의 마음을 평안으로 바꿔주는 은혜의 말입니다. 사람은 상상도 할 수 없는 그 깊으신 하나님의 사랑 덕분에 지금 우리가 은혜 가운데 살고 있는 것입니다.

우리는 우리를 향해 괜찮다고 말씀해주시는 하나님의 은혜를 온전히 누려야 합니다. 그리고 하나님이 우리를 위로하시는 것처럼, 우리 옆의 누군가에게도 이 따뜻한 한 마디를 건넬 수 있어야 합니다.

"괜찮아."

#2. 지금 기도하고 있습니까?

야베스가 이스라엘 하나님께 아뢰어 이르되

주께서 내게 복을 주시려거든 나의 지역을 넓히시고

주의 손으로 나를 도우사 나로 환난을 벗어나

내게 근심이 없게 하옵소서 하였더니

하나님이 그가 구하는 것을 허락하셨더라

°대상 4:10

왜 기도인가

예수님은 기도의 용사셨습니다. 열두 제자를 뽑을 때에도 산으로 올라 밤을 새우며 하나님께 기도를 드린 후 제자들을 부르셨습니다. 하루 종일 말씀을 전하고 마을을 다니며 사람들을 치유하는 꽉 찬 일정을 보내신 후에도 절대 기도를 잊지 않으셨습니다. 사역 중에도, 사역 후에도, 심지어는 십자가 위에서 돌아가시는 그 순간까지도 기도하셨습니다. 평생을 기도의 용사로 사신 예수님, 그분은 왜 그렇게 기도를 중요하게 여기셨을까요? 왜 사람들에게 기도하라 말씀하시며 스스로 본을 보이신 걸까요?

이스라엘 백성이 애굽에서 포로로 살다가 모세와 함께 나와 광야에서 40년을 헤매며 살 때도 하나님은 불평불만 많은 그들에게 끊임없이 기도하라 말씀하셨습니다. 너희에게 복을 주려 하신다 말씀하시며 말입니다.

이렇듯 하나님은 우리에게 주실 축복을 미리 다 약속해놓으셨습니다. 하지만 그래도 이루어주시기를 구하여야 한다고 우리에게 말씀하십니다. 기도를 통하여 "하나님, 당신이 나의 왕이십니다."라고 고백하길 원하시는 겁니다. 왜냐하면 이 모든 공로와 은혜는 우리가 우리 힘으로 획득한 것이 아니라 하나님의 은혜와 축복으로 얻어진 것이기 때문입니다. 하나님은 우리의 창조주이시며, 우리는 그분의 자녀이자 백성임을 기도로 고백함으로써 우리가 그것을 잊지 않길 원하시는 것입니다.

무릎을 꿇고 기도하는 것, 히브리어로 '무릎을 꿇다'라는 단어는 '바라크'라고 합니다. 그런데 이런 말이 있습니다. "우리가 바라크하면, 하나님도 바라크하신다." 무슨 의미일까요? '바라크'는 다른 의미로는 '축복하다'라는 의미도 가지고 있습니다. 즉 우리가 무릎을 꿇으면 하나님이 우리를 축복하신다는 것입니다.

우리가 바라크하면 하나님도 바라크하십니다. 하나님께선 우리에게 복을 주시기를 원하시며 우리를 구원하길 원하십니다. 그렇기에 "너는 내게 부르짖으라!"고 명령하십니다. 시간이 남고 마음에 여유가 있을 때 하면 좋고, 못 하면 할 수 없고 하는 식이 아닙니다. 우리의 변명이나 나약한 핑계가 통하지 않는 절대명령이 바로 기도입니다. 하나님을 만나는 방법은 오직 기도뿐이기에 기도 외에는 기적이 없기에 우리에게 명령하시는 것입니다. 기도는 그리스도인들에겐 꼭 지켜야 할 삶의 공식과도 같기 때문입니다.

하지만 아무리 강조해도 그것을 지키는 것은 참 어렵습니다. 우리 인생의 우선순위에서 밀렸기 때문입니다. 학생들이 시험 공부할 때 어떻습니까? 무작정 많이 한다고 되는 게 아니라 정확하고 확실하게, 그리고 중요한 것이 무엇인지 알고 해야만 공부의 성과를 볼 수 있습니다. 신앙생활도 마찬가지입니다. 당장 먹고 마시는 것에 더 집중하고 그것을 더 중요하게 생각할 때가 많지만, 정작 가장 중요한 것은 그것이 아닙니다.

하나님께서는 "은도 내 것이요, 금도 내 것이라"고 말씀하셨습니다. 하나님은 세상 모든 것의 주인이십니다. 우리가 소유한 모든 물질과 우리가 행하는 모든 일의 주인이십니다. 우리가 정말 중요하게 여겨야 하는 것은 그 하나님 앞에 무릎 꿇고 그분의 주권을 인정하며 기도하는 것입니다. 때론 이런 것까지 기도해도 되나 싶은 것들이 있습니다. 하지만 이게 은혜가 될 지 안 될지, 하나님 나라에 도움이 될지 안 될지, 미리 고민하고 예단할 필요가 없습니다. 아주 사소한 것까지 하나님께 다 물어보며 기도해야 합니다.

그렇다면 우리가 기도하면 하나님이 정말 응답하실까요? 두 가지 이유로 하나님은 반드시 응답하십니다.

첫 번째 이유는 그 분은 우리 아버지라는 것입니다.

> 너희 중에 누가 아들이 떡을 달라 하는데 돌을 주며 생선을 달라 하는데 뱀을 줄 사람이 있겠느냐 너희가 악한 자라도 좋은 것으로 자식에게 줄 줄 알거든 하물며 하늘에 계신 너희 아버지께서 구하는 자에게 좋은 것으로 주시지 않겠느냐 마 7:9-11

떡을 달라는 자녀에게 돌을 주고, 생선을 달라는 자녀에게 뱀을 주는 부모는 세상에 없습니다. 자녀를 위해서라면 목숨까지도 바칠 수 있는 것이 바로 부모이기 때문입니다. 가장 좋은 것을 주기 원하는 부모의 마음, 우리 하늘 아버지께서도 늘 우리를 그런 마음으로 보십니다.

두 번째 이유는 하나님께서 그의 독생자인 예수님까지 우리에게 보내셨기 때문입니다. 하나뿐인 아들도 값없이 주셨는데 우리에게 무엇인들 못 주시겠습니까. 사도 바울 역시 하나님의 무한한 사랑에 대해 이렇게 말하고 있습니다.

> 자기 아들을 아끼지 아니하시고 우리 모든 사람을 위하여 내주신 이

가 어찌 그 아들과 함께 모든 것을 우리에게 주시지 아니하겠느냐 °롬 8:32

하나님은 우리의 아버지시기 때문에 언제나 우리의 기도에 응답하십니다. 독생자 외아들까지 주신 분이시니 우리가 어떤 간구를 하더라도 모두 응답하십니다. 만약 기도를 했는데도 응답을 받지 못했다 여겨진다면, 그것은 우리가 제대로 구하지 않았기 때문입니다. 더 많이 받지 못한 것 같다면, 그것은 입을 크게 열지 않았기 때문입니다. 하나님은 언제나 우리의 기도 그 이상으로 응답해 주시는 분이십니다.

예레미야가 아직 시위대 뜰에 갇혀 있을 때에 여호와의 말씀이 그에게 두 번째로 임하니라 이르시되 일을 행하시는 여호와, 그것을 만들며 성취하시는 여호와, 그의 이름을 여호와라 하는 이가 이와 같이 이르시도다 너는 내게 부르짖으라 내가 네게 응답하겠고 네가 알지 못하는 크고 은밀한 일을 네게 보이리라 °렘 33:1-3

유다의 시드기야 왕 제 십년에 바벨론의 느부갓네살 왕이 엄청난 군대를 거느리고 이스라엘을 쳐들어와 예루살렘을 에워쌌습니다. 그 때 선지자 예레미야는 이스라엘이 하나님의 심판을 받아

멸망에 이를 것을 두려워해 왕과 국민들에게 회개하라고 동분서주하며 외쳤습니다. 하지만 사람들은 예레미야의 말을 듣지 않은 채 오히려 예레미야를 참소했고, 결국 예레미야는 감옥에 갇혀 버렸습니다. '시위대의 뜰'이라는 것은 감옥을 이야기합니다. 예레미야가 감옥에 갇혀 있을 때 하나님의 말씀이 임했습니다. 바로 기도하라는 말씀이었습니다.

"부르짖으라, 내가 네게 응답하겠다."

하나님께서 말씀하신 것은 예레미야에게만 허락된 기적이 아닙니다. 예레미야에게 말씀하신 것처럼 우리가 간절히 부르짖을 때 우리 삶에도 하나님의 응답이 있을 것입니다. 우리의 인생에 하나님의 기적이 일어나지 않는 이유는 성경에 나온 증거들과 하나님의 약속을 우리가 온전히 받아들이지 못하고, 믿지 않기 때문입니다.

고난 가운데에 있습니까? 그때가 바로 기도할 때입니다. 사방이 다 막히고 헤쳐 나갈 방법이 보이지 않습니까? 그렇다면 지금 당장 하나님께 기도하십시오. 믿는 자에겐 능치 못함이 없습니다. 내게 능력 주시는 자 안에서 우리가 능치 못할 것은 없습니다. 그분 안에, 그분의 능력 안에 있으면 무엇이든 할 수 있습니다. 당나귀 뼈다귀 하나로 1천명을 쓰러트린 삼손의 이적도, 바로 그가 기도하는 사람이었기 때문입니다. 아무것도 아닌 당나귀 뼈다귀가 기도로 하나님의 손에 붙들리자 강력한 도구가 되어 기적을 일으킨 것입니다. 하나님을 왕으로 높여 드리며 무릎 꿇어 기도하는 사람! 바로 그 사람이 하나님 안에 거하며 능력 가운데 모든 일을 이룰 수 있는 사람입니다. 기적을 현실로 이룰 수 있는 사람입니다. 하나님 안에 거하십시오. 그분의 능력을 믿으며 기도하십시오. 그분께서 모두 이루어 주실 것입니다.

> 너는 내게 부르짖으라 내가 네게 응답하겠고 네가 알지 못하는 크고 은밀한 일을 네게 보이리라 °렘 33:3

눈물의
힘

　1907년 1월 14일 우리 기독교 역사에서 없어선 안 될 중요한 사건이 일어났습니다. 평양의 장대현교회에서 열린 저녁 부흥회에서 많은 이들이 죄를 고백하고 회개하며 다음 날 아침까지 남아 열렬히 기도하는 놀라운 역사가 일어났던 것입니다. 장대현교회의 부흥회는 1월 6일부터 평양 내 교회들의 연합집회로 시작된 것이었습니다. 서서히 무르익던 분위기는 14일 절정에 달했습니다. 부흥회를 인도했던 선교사의 기도가 끝난 후 회개할 사람이 있느냐 물었을 때 사람들은 죄를 자복하며 눈물로 회개했습니다. 그 순간 하나님의 성령이 모인 회중들 가운데 뜨겁게 임했던 것입니다. 성령의 불을 받은 사람들은 회개와 기도를 통해 구원의 기쁨을 체험했고, 그렇게 장대현교회에서 시작된 성령의 불길은 전국으로 번져나가 온 나라에 회개운동과 성령운동을 불러일으키며 한국교회사에 큰 획을 긋게 되었습니다. 이 사건이 바로 '평양 대부흥 운동'입니다.

1907년은 조선을 잠식한 일제의 횡포가 나날이 심해지며, 그해 7월엔 고종황제가 강제 퇴위까지 당한 힘든 시기였습니다. 백성들은 온갖 열강에게 치이고 밟히며 나라의 아버지와 영적인 아버지를 잃고 방황했습니다. 결국 조선은 술과 마약과 우상들이 가득한 죄악의 땅이 되고 있었습니다.

이런 짙은 어둠의 권세에 사로잡힌 곳에 하나님의 은혜가 임했던 것입니다. 사람의 힘으로는 도저히 감당할 수 없고, 살아갈 수도 없을 것 같았던 그때에 성령의 역사하심이 사람들을 새롭게 했습니다. 아비 없는 고아처럼 상실감에 젖어 있던 그들에게 존귀한 자녀라는 축복을 주셨고, 기생들이 변하여 전도 부인이 되며, 도박장이 변하여 기도의 처소가 되고, 주막이 변하여 예배하는 곳이 되는 기적 같은 일들이 벌어졌습니다. 모두 눈물 어린 기도가 이뤄낸 놀라운 변화였습니다. 지금 우리의 발밑에는 바로 그때 임했던 눈물의 기도와 부흥의 물줄기가 흐르고 있습니다.

사울 왕을 세우고 다윗에게 기름 부었던 선지자 사무엘은 어머니의 간절한 기도로 태어난 사람입니다. 사무엘의 어머니인 한나는 하나님의 사랑을 받은 사람이지만 슬하에 자식이 없어 괴로운 나날을 보냈습니다.

> 한나가 마음이 괴로워서 여호와께 기도하고 통곡하며 °삼상 1:10

한나는 하나님께 통곡하며 오랫동안 기도드렸습니다. 한나가 포기하여 낙심하지 않도록 붙드시고 기도의 자리로 이끄신 분이 바로 성령님입니다. 예수님이 피 땀 흘려 기도할 때 천사가 힘을 더했던 것처럼 한나가 기도할 때 성령이 곁에서 도우신 겁니다. 말할 수 없는 탄식으로 한나를 위해 하나님께 대신 간구해 주신 겁니다.

결국 그 눈물의 기도로 한나는 인생의 밑바닥에서 가장 큰 선물을 받았습니다. 바로 아들 사무엘입니다. 사무엘의 이름은 '하나님께서 주셨다'라는 뜻입니다. 그 이름에서 알 수 있듯이 우리가 밑바닥까지 갔을 때 하나님의 은혜로 일어나야만 하나님이 주시는 것을 잡을 수 있습니다. 내 노력과 욕심, 생각이 섞여 있다면 그것은 온전히 하나님으로부터 온 것이 아닙니다.

> 땅이 혼돈하고 공허하며 흑암이 깊음 위에 있고 하나님의 영은 수면 위에 운행하시니라 °창 1:2

> 여호와 하나님이 땅의 흙으로 사람을 지으시고 생기를 그 코에 불어넣으시니 사람이 생령이 되니라 °창 2:7

성령은 하나님이 세상을 창조하기 전부터 있었던 하나님의 영입니다. 하나님은 흙으로 사람을 빚으신 후 그 코에 생기를 불어넣으셨습니다. 우리를 숨 쉬게 하고 하나님을 닮게 한 것이 바로 성령입니다. 우리가 인생의 끝자락에 있을 때나 절망 앞에서 한숨 쉬고 있을 때 성령님은 우리와 함께 하시며 우리를 다시 일어나게 하십니다. 성령은 바로 하나님께서 우리에게 약속하신 생명의 힘이기 때문입니다. 인간의 나약한 힘의 끝이 곧 하나님 역사의 시작입니다. 그렇기에 우리는 더욱 성령을 간절히 구하며 받아야 합니다. 무질서한 혼돈과 인생의 벼랑 끝에 서 있더라도 성령의 전능하심을 믿어야 합니다.

성령은 창조의 영이며 생명의 영이시기에 능치 못함이 없을 것을 믿어야 합니다. 오늘도 우리를 도우시고 보호하시며, 은혜를 주시고, 가르쳐 주시고, 상담자가 되어 주시고, 깨닫게 하시고, 책망하게 하시고, 돌이키게 하시고, 힘을 내게 하시고, 능력을 주시는 분임을 믿어야 합니다. 우리를 응원하시고, 우리를 붙잡아 주시는 은혜의 하나님이심을 인정해야 합니다.

> 이와 같이 성령도 우리의 연약함을 도우시나니 우리는 마땅히 기도할 바를 알지 못하나 오직 성령이 말할 수 없는 탄식으로 우리를 위하여 친히 간구하시느니라 °롬 8:26

성령님은 이미 우리를 초대하여 기다리고 계십니다. 그런데 왜 눈물과 기도로 성령의 임재를 끌어당겨야 한다고 말하는 것일까요? 그것은 바로 성령은 인격의 하나님이기 때문입니다. 성경에서는 그분을 it, 물체로 칭하지 않고 'He'라 말하고 있습니다.

또한 감정과 인격을 가지고 계시기에 사랑도 하고 근심도 하십니다. 우리가 기도하지 않을 때 말할 수 없는 탄식으로 우리를 대신해 하나님 아버지께 기도드려주십니다. 하지만 우리가 받아들이지 않으면 성령은 절대 우리 안으로 오실 수 없습니다. 시들은 열정과 직면한 한계에 부딪혀 영적으로 민감하지 못하면, 이미 곁에 와서 간구하시는 성령님을 그냥 지나쳐 버릴 수도 있습니다.

우리는 성령님을 갈망해야 합니다. 영적인 열정과 갈망이 곧 성령 충만으로 이어지기 때문입니다. 내게 있는 힘으론 도저히 할 수 없음을 인정하며, 모든 연약함과 죄를 고백할 때 성령 하나님께서 약속하신 힘을 주실 것입니다.

토미 테니(Tommy Tenney, 1956-)라는 목사님이 지은 「간절한 매달림」이란 책이 있습니다. 목사님은 자신이 경험한 충격적인 깨달음에 대해서 책에 이렇게 쓰고 있습니다.

> 어느 주일 아침 예배시간, 하나님께서는 단순하지만 충격적인 깨달음으로 내 삶에 개입하셨다. 하나님은 나에게 이렇게 속삭이셨다.
> "토니. 네가 드리기 원하는 예배와 내가 받기 원하는 예배는 전혀 다르구나. 너는 예배를 마치고 충만하여 만족하며 떠나간다만 네가 떠나갈 때 나는 여전히 목마르구나."
> 하나님께서는 우리가 예배를 마치고 예배당을 떠날 때, 예배 시작 무렵보다 더 갈급하고 목말라야만 하나님께서 기뻐하시고 만족하신다.

우리는 때로 예배를 드린 후보다 예배 전에 더 갈급해합니다. 예배의 자리로 나와야만 하나님이 더 기뻐하신다고 착각하기 때문입니다. 하지만 예배가 끝난 후의 만족감은 일정 시간이 지나면 사라지기 마련입니다. 예배를 통해 우리의 영과 신앙이 살고, 우리의 마음이 다시 한 번 하나님의 임재를 경험하게 되면 살아있는 자는 더 큰 목마름을 경험하게 됩니다. 그래서 더 갈급한 마음으로 하나님을 갈망하게 된다는 것입니다. 때문에 우리에게 필요한 것은 간절한 매달림입니다. 한 번의 성령의 임재로 만족하는 것이 아니라 매 번 매 순간 간절한 매달림으로 하나님 앞에 나아가야 합니다. 우리가 더욱 간절한 목마름으로 하나님 앞에 그렇게 갈망하며 나아갈 때에 하나님의 은혜가 계속해서 임하기 때문입니다.

> 사도와 함께 모이사 그들에게 분부하여 이르시되 예루살렘을 떠나지 말고 내게서 들은 바 아버지께서 약속하신 것을 기다리라 요한은 물로 세례를 베풀었으나 너희는 몇 날이 못되어 성령으로 세례를 받으리라 하셨느니라 °행 1:4-5

부활하신 예수님께서 사십일 동안 제자들과 함께 하신 후 다시 하늘로 올라가실 때 하신 말씀입니다. 제자들에게 예루살렘을 떠나지 말라고 명령하시면서 곧 성령을 주겠다고 하신 것입니다. 제자들과 사람들은 예수님의 약속의 말씀을 붙잡고 간절히 기도했습니다. 오늘날 우리에게 필요한 것이 바로 이 간절한 매달림입니다.

간절한 매달림으로 빚어진 눈물의 기도는 성령의 임재를 끌어당깁니다. 잠깐의 만족을 넘어선 열정과 눈물의 기도는 하나님의 임재를 끌어당깁니다. 눈물의 기도로 하나님 앞에 나아가십시오. 백여 년 전 이 땅의 크리스천들에게 임했던 강력한 성령의 임재가 오늘날 우리에게도 임하기를 간구하십시오. 깊은 산골짜기에 들어가 있더라도 하나님은 우리의 눈물 어린 기도를 듣고 계십니다. 우리가 하나님을 찾는 것이 아니라 하나님이 우리를 찾아내실 것입니다. 잊지 마십시오. 눈물의 기도는 하나님의 임재하심을 끌어당깁니다.

당신의 무기는 무엇입니까

예수님께서 세례 요한에게 세례를 받으신 후 성령에 이끌리어 광야에서 사십 일을 밤낮으로 금식하며 기도하신 적이 있습니다. 그때 마귀가 찾아와 예수님을 유혹했고, 예수님은 마귀에게 세 가지 시험을 당하게 됩니다.

마귀의 첫 번째 유혹은 예수님이 만일 하나님의 아들이라면 돌들에게 명령하여 떡이 되게 하라는 것이었습니다. 두 번째는 성전 꼭대기에서 뛰어내리라는 것이었고, 마지막 세 번째 유혹은 만일 마귀에게 엎드려 경배하면 세상 모든 것을 주겠다는 것이었습니다. 예수님은 마귀가 유혹한 세 번의 시험을 모두 물리치셨습니다. 바로 하나님의 말씀으로 말입니다.

예수께서 대답하여 이르시되 기록되었으되 사람이 떡으로만 살 것이 아니요 하나님의 입으로부터 나오는 모든 말씀으로 살 것이라 하였느니라 하시니 °마 4:4

예수께서 이르시되 또 기록되었으되 주 너의 하나님을 시험하지 말라 하였느니라 하시니 °마 4:7

이에 예수께서 말씀하시되 사탄아 물러가라 기록되었으되 주 너의 하나님께 경배하고 다만 그를 섬기라 하였느니라 °마 4:10

마귀의 유혹에 대항하여 이길 수 있는 것은 오직 하나님의 말씀뿐입니다. 예수님이 '기록하였으되'라고 하시며 말씀으로 마귀를 물리치신 것을 기억해야 합니다. 사도 바울도 마귀의 간계를 대적하기 위해 하나님의 완전한 전신갑주를 입으라고 말합니다. 그리고 난 후 우리가 가져야 할 공격 도구를 한 가지 강조하는데 그것은 바로 성령의 검, 곧 하나님의 말씀입니다.

마귀의 간계를 능히 대적하기 위하여 하나님의 전신갑주를 입으라 °엡 6:11

구원의 투구와 성령의 검 곧 하나님의 말씀을 가지라 °엡 6:17

　마귀는 끊임없이 우리를 미혹합니다. 미혹이란 무언가에 홀려 정신 차리지 못하는 상태를 말합니다. 본질을 보지 못한 채 속는 줄도 모르는 상태에서 속는다는 것입니다. 그렇기 때문에 우리는 늘 깨어 있어야 합니다. 그리고 내 안의 믿음이 살아있게 해야 합니다. 예배하지 않고, 기도하지 않으며 말씀을 등한시한다면 우리는 교묘한 마귀의 유혹에 넘어가고 말 것입니다. 마귀 역시 하나님의 말씀을 알고 있기 때문입니다.

> 이르되 네가 만일 하나님의 아들이어든 뛰어내리라 기록되었으되 그가 너를 위하여 그의 사자들을 명하시리니 그들이 손으로 너를 받들어 발이 돌에 부딪치지 않게 하리로다 하였느니라 °마 4:6

　마귀가 예수님께 성전 높은 곳에서 뛰어내리라며 그를 유혹할 때, 마귀도 '기록되었으되'라고 말하며 예수님을 유혹했습니다. 하나님의 말씀을 이용한 것입니다. 오늘날 이단을 생각해보십시오. '이단'이란 끝이 다름을 말합니다. 성경을 이야기하면서도 가짜를 말할 수 있고, 예수를 말하며 가짜를 말할 수도 있습니다. 시작은 예수님이고 복음이었던 것 같은데 어느새 결론이 이상한 방향으로 흘러가버리는 것입니다. 분명 성경을 인용하고 예수님에 대해 얘기를 하고 있지만 그것은 복음이 아닌 무늬만 그럴 듯한 가짜입니다. 이단은, 그리고 마귀는 사람들의 약한 부분을 교묘하게 파고 들어서 많은 사람들이 쉽게 동조하도록 만듭니다.

하지만 진리는 좁은 길에 있습니다. 사람들이 이리저리 휩쓸릴 때도 정해진 자신의 길을 지켜 가는 것이 진리입니다. 우리를 아프게 찌른다고 꼭 진리는 아니며, 우리에게 희망을 준다고 그것이 진리인 것도 아닙니다. 그렇다면 우리는 어떻게 이 길이 진리인지 구별할 수 있을까요?

예수님이 말씀으로 마귀에게 대적하셨듯이 우리 역시 진리의 말씀을 붙들어야 합니다. 하나님이 주시는 말씀에 우리의 많은 생각과 걱정이 먼저 고개를 든다 하여도 '그럼에도 불구하고' 말씀에 반응하여 순종해야 합니다.

선지자 예레미야도 처음 하나님의 부르심을 받았을 때 기뻐하며 순종하기보다 제일 먼저 두려워하며 부담스러워했습니다. 말을 잘 하지 못한다는 것이 그 이유였습니다. 하지만 하나님은 "내 손을 네 입에 붙여 주겠다. 내 말을 네게 붙여주겠다"고 말씀하시며 예레미야에게 힘을 주셨습니다.

> 여호와의 말씀이 내게 임하니라 이르시되 °렘 1:4

예레미야서를 1장부터 읽다보면 "여호와의 말씀이 내게 임하니라"와 같은 표현이 자주 등장합니다. 예레미야는 하나님의 말씀을 붙들고 나아간 사람이었습니다. 비록 처음엔 하나님의 말씀에도 두려워하는 모습을 보였지만 그럼에도 불구하고 변치 않는 하나님의 말씀, 그 진리에 반응했던 것입니다. 예레미야의 상황이나 그의 능력이 하루아침에 변한 것은 아니지만, 그는 말씀을 붙들어 강하고 담대한 하나님의 선지자로 나아갔습니다. 이렇듯 환경은 변하고 현실도 바뀌지만 그 가운데서도 오직 변하지 않는 진리는 단 한 가지, 바로 하나님의 말씀입니다.

이와는 반대로 하나님의 말씀에 제대로 반응하지 못하는 사람들도 있습니다. 이런 사람들은 하나님의 말씀에는 반응하지 않으면서 불순종하는 자나 과거 이야기만 하며 앞을 바르게 보지 못하게 하는 자들의 이야기에는 쉽게 흔들립니다. 하나님을 믿는다 말하면서도 정작 필요할 때에 자신의 영과 마음을 지켜낼 준비가 되어 있지 않은 것입니다.

> 만군의 여호와 이스라엘의 하나님께서 이와 같이 말하노라 너희 중에 있는 선지자들에게와 점쟁이에게 미혹되지 말며 너희가 꾼 꿈도 곧이 듣고 믿지 말라 내가 그들을 보내지 아니하였어도 그들이 내 이름으로 거짓을 예언함이라 여호와의 말씀이니라 °렘 29:8-9

하나님은 미혹됨을 경계하셨습니다. 어떤 꿈을 꾸더라도 혹은 누군가 하나님의 말씀이라며 말을 전하여 그것이 응답처럼 여겨지더라도 믿지 말라 말씀하십니다. 때로 그런 류는 악한 마귀가 준 것일 수도 있기 때문입니다. 예수의 이름을 말하고 하나님의 말씀이라 말하지만 우리를 미혹하는 것이라면 그것은 마귀의 역사입니다. 때문에 우리에겐 이것을 분별할 수 있는 지혜가 필요합니다.

하나님의 뜻은 하나님의 말씀을 진리로 붙잡은 우리가 하나님의 자녀로 올바로 서는 것입니다. 이를 통해 이 땅에서 하나님의 나라를 확장되는 것입니다. 때론 그 길이 어렵고 힘들게 느껴질 때도 있지만 우리를 향한 하나님의 본심은 사랑이고 축복입니다.

> 여호와의 말씀이니라 너희를 향한 나의 생각을 내가 아나니 평안이요 재앙이 아니니라 너희에게 미래와 희망을 주는 것이니라 °렘 29:10

하지만 말씀만 붙잡았다고 모든 것이 해결되는 것은 아닙니다. 은혜의 말씀, 축복의 말씀이 우리의 삶 속에서 살아 움직여야 합니다. 말씀 가운데 있는 하나님의 본심을 깨닫고 간절히 기도함으로 말씀의 능력이 내 삶 가운데 펼쳐지도록 해야 합니다. 세상을 이기기 위해서는 그리스도인다운 능력이 필요합니다. 그리스도인의 능력은 말에 있는 것이 아니고 능력에 있습니다. 믿는 자로서의 모습을 세상 사람들에게 보여줘야 된다는 말입니다. 늘 깨어 기도함으로 우리 주위의 흐름을 바꾸고, 선한 영향력을 끼침으로 분위기를 바꾸는 것입니다. 주님이 우리와 함께 하신다는 흐름으로, 예수가 함께 하신다는 분위기로 말입니다.

> 믿음으로 모든 세계가 하나님의 말씀으로 지어진 줄을 우리가 아나니 보이는 것은 나타난 것으로 말미암아 된 것이 아니니라 °히 11:3

하나님께서는 보이는 것은 보이지 않는 것에 의하여 움직인다고 말씀하셨습니다. 이 세상이 하나님의 말씀 가운데 세워지고, 하나님의 능력 가운데 움직이고 있다는 믿음의 고백이 우리에게 필요한 것입니다. 이를 위해 마귀에게 속지 않기 위해 몸부림쳐야 합니다. 하나님께서 우리에게 주신 축복과 은혜를 오롯이 누리기 위해 끊임없이 기도하며 하나님의 분별력과 진리를 간구해야 합니다.

> 너희가 온 마음으로 나를 구하면 나를 찾을 것이요 나를 만나리라 °렘 29:13

#2. 지금 기도하고 있습니까?

> 나를 사랑하는 자들이 나의 사랑을 입으며 나를 간절히 찾는 자가 나를 만날 것이니라 °잠 8:17

하나님은 성경의 여러 구절을 통해 우리에게 약속하셨습니다. 온 마음으로 간절히 하나님을 찾는 자마다 하나님을 만나는 은혜가 있다고 말입니다.

이에 대해 마귀 역시 교묘한 말로 우리를 미혹합니다. "전능하신 하나님이신데 다 알고 계시지 않나? 꼭 기도할 필요 없어도 다 알고 계시지 않나? 기도 안 해도 돼!" 마귀는 이미 응답을 받았으니 기도할 필요가 없다며 우리로 하여금 게으르게 하고 교만하게 합니다. 물론 하나님께서 다 알고 계신다는 것은 맞는 말입니다. 하지만 하나님은 우리가 간절히 기도할 때 우리가 하나님을 진심으로 구할 때 더 기뻐하시고 더 크게 역사하십니다. 우리에게 이미 약속을 주셨지만, 우리가 하나님 앞에 와서 기도하며 그 약속을 이뤄 달라고 구하길 원하시는 것입니다.

마귀에게 미혹당하지 않고, 간계를 물리칠 수 있는 그리스도인의 무기는 하나님의 말씀뿐입니다. 그리고 진리의 말씀을 바로 알고 삶에 적용하기 위해선 기도로 무장해야 합니다. 기도하지 않으면 하나님께서 약속하신 축복의 역사는 삶 속에서 이뤄지지 못합니다. 우리를 변화시키는 힘은 오직 기도, 오직 하나님의 말씀뿐임을 잊어선 안 됩니다. 매일 기도의 끈을 붙잡으며 늘 깨어 있다면 하나님의 말씀으로 능히 마귀와 싸워 이길 수 있습니다. 마귀의 간계에 속지 않음으로 우리 안에 있는 악한 어둠의 권세가 모두 떠나갈 것입니다.

Born Again

예루살렘에 니고데모라는 한 바리새인이 살았습니다. 바리새인들은 규칙에 엄격했고 신과 율법에 대해 누구보다 진지하게 임한다고 자부하는 사람들이었습니다. 그런 바리새인으로 태어난 탓에 그는 어려서부터 율법 가운데 자랐고 한 번도 '왜'라는 물음표를 달아본 적이 없었습니다. 왜 예물을 드려야 하는지, 왜 예배를 드려야하는지에 대해 당연하게만 생각하고 규칙이니 지켜야 하는 것이라 받아들이고 살았습니다. 결국 니고데모는 율법 속에서 자라며 자연스럽게 성경을 가르치는 교사가 되었고 사람들로부터 존경받는 지도자가 되었습니다.

그런데 어느 날, 니고데모는 한 선지자에 대한 소문을 들었습니다. 그 사람을 만나기만 하면 병이 낫고 죽은 자가 살아나며, 그를 만난 자마다 하나님을 사랑하게 된다는 것이었습니다. 하지만 무슨 이유에서인지 대부분의 바리새인들은 그 선지자를 비난하고 탄압했습니다.

니고데모는 달랐습니다. 그 선지자를 믿으며 섬겼던 것입니다. 니고데모는 그를 만나 가르침을 얻고 싶었지만 다른 바리새인들에게 그 모습이 발각될까 두려웠습니다. 결국 그는 한밤중에 다른 이들의 눈을 피해 몰래 그 선지자를 찾아갔습니다. 선지자를 만난 니고데모는 그에게 고백했습니다.

"당신이 하나님께로부터 온 선생인 것을 압니다. 하나님이 함께 하시지 않으면 당신이 행하는 이 표적은 아무도 할 수 없기 때문입니다."

지켜보는 눈이 많은 밝은 대낮엔 상상도 할 수 없는 일이었기에 어둠 속에 숨어서야 선지자의 가르침을 구하며 그에 대한 믿음을 드러낼 용기를 낼 수 있었던 것입니다. 이처럼 니고데모는 자신의 직분과 사회 환경, 남들에게 보이는 체면 등이 중요했던 사람이었습니다. 그리고 '머리로만 알고 있던' 사람이었습니다. 그랬던 그가 한밤중의 이 만남을 통해 깨달음을 얻고, 다시 태어나 거듭남의 삶을 살아가게 됩니다.

니고데모가 한밤중에 만난 선지자는 누구였을까요? 바로 예수님이었습니다. 예수님은 니고데모를 보자 그의 문제가 무엇인지 바로 아시고 그에게 말씀하셨습니다.

"니고데모야, 거듭나야 한다."

> 예수께서 대답하여 이르시되 진실로 진실로 네게 이르노니 사람이 거듭나지 아니하면 하나님의 나라를 볼 수 없느니라 °요 3:3

그런데 예수님의 이 말씀 다음에 이어진 니고데모의 질문이 참 재미있습니다.

> 니고데모가 이르되 사람이 늙으면 어떻게 날 수 있사옵나이까 두 번째 모태로 들어갔다가 날 수 있사옵나이까 °요 3:4

고지식한 니고데모는 예수님의 말씀이 도무지 이해가 되지 않았습니다. 거듭난다는 말의 의미를 문자 그대로 해석해버린 것입니다. 이런 니고데모에게 예수님께선 다시 말씀해주십니다.

"물과 성령으로 나지 아니하면 하나님의 나라에 들어갈 수 없느니라(요 3:5)."

요즘 시대에도 니고데모와 같은 사람들이 많이 있습니다. 아는 것도 많고, 신앙생활을 한 지 오래 되었지만 진정으로 하나님을 만난 기쁨과 열정은 기억나지 않는 사람들. 입으로는 주여 주여 부르짖지만 진정한 거듭남의 은혜를 체험하지 못한 사람들. 그들이 바로 이 시대의 니고데모들입니다. 그런 사람들에게 예수님은 오늘도 똑같이 말씀하고 계십니다.

"물과 성령으로 나지 아니하면 하나님의 나라에 들어갈 수 없느니라(요 3:5)."

누군가 우리에게 이런 질문을 던졌다고 가정해봅시다.
"당신은 거듭난 그리스도인인가요?"
이것은 "하나님을 믿습니까? 교회 잘 다니십니까?"와 같은 단순한 물음이 아닙니다. 자신이 믿음 안에서 '거듭난' 그리스도인이라고 스스로 고백할 수 있는지에 대한 물음입니다.

그렇다면 '거듭난다'라는 말에는 어떤 의미가 담겨 있을까요?

첫째는 하나님의 자녀가 되었다는 것입니다. 부모에게 인생의 가장 소중한 보물은 바로 자녀입니다. 부모는 자녀가 아파할 때 자녀보다 더 많이 아파하고, 자녀가 기뻐할 때는 자녀보다 더 크게 기뻐합니다. 하물며 부족한 인간도 그렇거니와 하나님은 어떠실까요! 자녀 된 우리를 늘 사랑으로 품으시며 우리가 아파할 때도 기뻐할 때도 우리와 늘 함께 고통과 기쁨을 나누신다는 것입니다.

거듭남의 두 번째 의미는 하나님께서 부활의 능력으로 자녀 된 우리를 반드시 승리하게 하신다는 소망입니다.

> 이는 혈통으로나 육정으로나 사람의 뜻으로 나지 아니하고 오직 하나님께로부터 난 자들이니라 °요 1:13

거듭난 그리스도인은 하나님의 거룩한 씨를 받아 다시 태어난 존재입니다. 이전 사람은 죽고, 변하여 새사람이 된다는 것입니다. 하지만 거듭남은 성경에 대해 많이 알아야 하거나 높은 지위에 있어야만 가능한 일이 아닙니다.

예수님은 니고데모에게 '물'과 '성령'으로 거듭나야 한다고 분명하게 말씀하셨습니다. 여기서 '물'이란 세례입니다. 하지만 머리에 물을 뿌리거나 물에 몸을 담그는 그런 행위로서의 세례를 말하는 것이 아닙니다. 보이는 행위보다 더 중요한 것은 우리의 진실한 삶의 고백입니다. '예수 없이 나는 아무 것도 아닙니다. 예수의 십자가 능력으로 나는 구원함을 얻었습니다.'라는 믿음의 고백입니다. 죄인인 우리는 하나님을 만날 수 없는 존재지만 예수님으로 인해 구원함을 얻고 하나님의 은혜 앞에 나아간다는 진실한 고백을 드릴 수 있어야 하는 것입니다.

> 그러므로 내가 너희에게 알리노니 하나님의 영으로 말하는 자는 누구든지 예수를 저주할 자라 하지 아니하고 또 성령으로 아니하고는 누구든지 예수를 주시라 할 수 없느니라 °고전 12:3

사도 바울은 "성령이 아니고는 너희가 예수를 주라 할 수 없다"라고 말했습니다. 자신의 철저한 부정과 더불어 예수를 '주'라고 모신 것입니다. 사도 바울처럼 거듭난 사람은 '성령'으로 고백할 수 있어야 합니다. '예수는 나의 주'라고 말입니다.

예수님이 십자가에 달려 돌아가신 후 부활하여 다시 제자들 앞에 모습을 드러내셨을 때, 예수님께선 제자들에게 그들이 성령으로 세례를 받을 것이라고 말씀하셨습니다. 그리고 실제로 예수님이 승천하신 후 오순절 마가의 다락방에 모인 열두 명의 제자들에게 예수님이 말씀하셨던 성령의 불이 임했습니다.

이제 하나님이 부어주셨던 그 성령의 힘이 지금의 우리에게도 동일하게 임할 것을 믿어야 합니다. 매일 같이 넘어지고 고통 받으며 깨어져도 다시 일어나 거듭난 자로 살아갈 수 있는 힘과 능력이 부어질 것을 믿어야 합니다. 그 힘을 의지하여 예수 안에서 거듭나고, 그 거듭남의 열매가 있는 삶을 사는 것! 그것이 바로 하나님이 우리에게 간절히 원하시는 것입니다. 때문에 거듭남이 무엇인지 아는 것으로만 그쳐선 안 됩니다. 진정한 거듭남이 무엇인지, 어떻게 해야 거듭날 수 있을 것인지, 내가 거듭난 삶을 살고 있는지 끊임없이 자신에게 되물으며 기도해야 합니다.

하나님의 자녀로 우린 거듭남의 은혜를 입었습니다. 그렇다면 이제 부끄럽지 않은 자녀의 모습을 보여드려야 합니다. 거듭남의 의미를 깨닫는 것을 넘어서 거듭남을 행하여 보여줄 수 있는 삶을 살아야 하는 것입니다.

> 주의 성령이 내게 임하셨으니 이는 가난한 자에게 복음을 전하게 하시려고 내게 기름을 부으시고 나를 보내사 포로 된 자에게 자유를, 눈 먼 자에게 다시 보게 함을 전파하며 눌린 자를 자유롭게 하고 주의 은혜의 해를 전파하게 하려 하심이라 하였더라 °눅 4:18-19

예수님이 이 땅에 오신 목적과 하나님께서 우리에게 기름을 부으시는 목적은 바로 '복음을 전하게 하려는 것'입니다. 거듭남이란 복음을 전하는 삶을 사는 것입니다. 가난한 자에겐 복음을, 포로 된 자에게 자유를, 눈 먼 자에겐 다시 보게 함을 전함으로 그들을 억눌린 삶에서 자유롭게 하고, 곧 다가올 은혜의 때를 전하는 것입니다. 가난함이란 물질이 없는 가난함을 말하는 것이 아닌 영적인 가난함과 자유롭지 못한 채 얽매이고 속박된 삶을 가리키는 것입니다. 마음이 공허하며 삶의 질서가 깨져버린 사람, 깊은 어둠 속에 놓여 갈 곳을 몰라 방황하는 사람, 그리고 늘 곁에 함께 하시는 하나님을 깨닫지 못하는 사람들을 자유롭게 하는 것이 바로 하나님의 복음이며 거듭남입니다.

이 복음의 능력을 온전히 누리며 살고 있습니까? 내 삶의 주어가 나 자신이 아닌 하나님이 주어가 된 삶을 살고 있습니까? 범사에 복음을 인정하며 하나님이 주어가 된 삶을 살아간다면 자기중심적이었던 삶이 영적으로 변화하게 될 것입니다. 보는 눈이 달라지고, 언어와 생각이 달라지며 이전엔 불가능하다고 여겼던 것을 '내게 능력주시는 자 안에서 내가 모든 것을 할 수 있다'라고 믿게 될 것입니다. 영적으로 우리 자신이 이렇게 변화하고 거듭났다면, 이제 이 변화를 삶 속에서 보여줄 차례입니다. 하나님은 우리가 거듭남을 삶으로 실천하기를 원하고 계시기 때문입니다.

한밤중 어두운 곳에서 남들 몰래 예수님을 찾아갔던 니고데모는 거듭남을 입은 후 완전히 새사람이 되어 거듭남의 삶을 살아갔습니다. 성경에 나타난 그의 삶이 바로 거듭난 삶의 증거입니다. 니고데모는 늘 조심스럽게 남들을 의식하며 예수님을 섬겼습니다. 하지만 예수님과의 만남 이후 그는 Born Again, 다시 새롭게 태어났습니다. 훗날 니고데모는 대제사장과 바리새인들이 예수님을 십자가에 달기 위해 모략을 꾸밀 때 그들 앞으로 나서서 예수님을 변호했습니다(요 7:51). 이전의 모습을 버리고 당당하게 예수님을 믿는 자로, 그를 믿고 섬기는 제자로 앞에 나선 것입니다. 예수를 따르는 자임을 드러내는 것이 좋을 게 없는 상황이었지만 니고데모는 주저하지 않았습니다. 거듭난 그의 삶의 주어는 자신이 아니라 예수님이었고, 그의 가치관과 모든 삶의 방향은 온전히 주님만을 향해 있었기 때문입니다. 예수님이 십자가에 못 박혀 돌아가셨을 때도 니고데모는 몰약과 침향 섞은 것 백 리트라(Litrai-로마의 무게 단위, 대략 327g) 오늘날로 하면 약 33kg이나 되는 귀한 향료를 가져와 예수님의 몸에 바르고 장사지냈습니다. 거듭남의 은혜로 인생의 모든 가치관과 우선순위가 바뀐 니고데모. 결국 그는 이후에도 거듭남의 삶을 지켜냈고, 마침내 유대인의 돌에 맞아 순교하였다고 초대교회 역사서에 기록되어 있습니다.

거듭나면 사람이 바뀌고 그의 말과 행동이 바뀌게 됩니다. 이것이 진정한 거듭남입니다. 나아가 물과 성령으로 하나님께서 부어주시는 거듭남의 은혜는 거듭난 그리스도인의 삶으로 이어져야 한다는 것을 꼭 기억해야 합니다. 거듭남이란 상태가 아니라 '행함'입니다. 믿음이란 명사가 아니라 '동사'이기 때문입니다.

다른 사람은 다르다

'야베스의 기도'라는 찬양이 있습니다. 예수님이 태어나기 전 구약 시대에 살았던 야베스라는 사람이 하나님께 드린 기도가 가사의 내용입니다. 다양한 사람이 부른 여러 종류의 찬양이 있고, 찬양마다 조금씩 가사가 다르기도 하지만 중심내용은 같습니다.

주님께 원합니다. 제게 복을 주시어 나의 지경을 넓혀주시고 주의 손으로 저를 도와주시옵소서. 저를 환난에서 벗어나게 하사 근심이 없게 하여 주시옵소서.

환난이란 근심과 재난을 통틀어 가리키는 말입니다. 하나님께

복을 구하는 이 기도는 구구절절 길지도 않고 많은 내용을 담고 있지도 않습니다. 하지만 들을 때마다 은혜로워서 곱씹으며 묵상하게 됩니다. 내게 복을 주시어 내 지경을 넓혀 달라는 야베스의 기도는 진정으로 하나님을 믿고 사랑하는 사람의 기도입니다.

과연 우리도 야베스처럼 기도할 수 있을까요? 내게 너무나 힘든 일이 생겨 주님을 찾으며 구할 때 저렇게 고백할 수 있을까요? 예수를 믿는다고 말하면서도 정작 힘든 일 앞에서는 죽겠다, 힘들다, 미치겠다 등의 말을 무의식중에 쉽게 내뱉는 우리의 모습을 돌이켜보면 대답하기가 쉽진 않습니다. 보기에는 무척이나 간단해 보이는 기도지만 야베스의 기도가 담고 있는 믿음의 무게는 결코 가볍지 않기 때문입니다.

하나님께 저런 기도를 드렸던 야베스는 실로 놀라운 사람입니다. 하나님을 믿는 사람은 역시 다르다는 말이 정말 잘 어울리는 사람임이 분명합니다. 그의 짧은 기도문만 봤을 땐 단순하게 이 사람 참 마음이 넉넉했나보다, 근심이란 하나도 없는 사람이었기에 이렇게 평안하고 은혜로운 기도를 드릴 수 있었나보다 라고 생각할 수도 있습니다. 하지만 절대 그렇지 않습니다.

> 야베스는 그의 형제보다 귀중한 자라 그의 어머니가 이름하여 이르되 야베스라 하였으니 이는 내가 수고로이 낳았다 함이었더라 야베

스가 이스라엘 하나님께 아뢰어 이르되 주께서 내게 복을 주시려거든 나의 지역을 넓히시고 주의 손으로 나를 도우사 나로 환난을 벗어나 내게 근심이 없게 하옵소서 하였더니 하나님이 그가 구하는 것을 허락하셨더라 °대상 4:9-10

야베스는 부자도 아니었고, 삶이 마냥 평탄한 사람도 아니었습니다. 사실 그의 이름만 봐도 쉽게 알 수 있습니다. 야베스라는 이름은 '수고로이 낳았다'라는 뜻으로 다시 말하면 고통, 혹은 가난이라는 의미를 담고 있습니다. 그를 낳을 때 얼마나 힘들었으면 이름을 '수고로이 낳은 자'라고 지었을까요? 태어날 당시에 얼마나 주변 상황이 고통스럽고 가난하여 근심이 많았으면 아들의 이름을 '고통'이라 짓고 불렀을까요? 그 이름의 당사자인 야베스 입장에서 생각해 보십시오. 자신의 이름이 불려 질 때마다 그의 기분이 어땠을지 상상이 안 갑니다. 누군가 나를 매번 "고통아!"라고 부른다면 그나마 있던 힘과 생기도 쭉쭉 빠져버리지 않을까요?

야베스의 기도는 바로 그런 상황 속에서 나온 것입니다. 그렇기 때문에 이 기도가 놀라운 것이고 야베스는 실로 '다른' 사람이라는 것입니다. 이스라엘의 역대 왕들과 위대한 영웅들의 이름이 기록된 역대상이라는 성경 안에서 야베스는 지위도, 출신도 자세히 기록되지 않은, 어쩌면 평범하고 미비한 한 개인일 수 있습니다.

하지만 그에 대한 이야기가 두 절에 걸쳐 기록되었다는 것은 분명 야베스와 그의 기도에 중요한 의미가 있기 때문일 것입니다.

> …하나님이 그가 구하는 것을 허락하셨더라 °대상 4:10

하나님은 그의 기도를 기쁘게 받으시고 응답하여 복을 허락하셨습니다. 그와 더불어 하나님께서는 지금 우리에게 이 야베스의 기도를 알려주고 싶어 하십니다.

야베스의 기도에는 한 가지 원리가 있습니다. 바로 큰 고통 가운데서 더 큰 축복의 꿈을 꾸며 기도해야한다는 것입니다. 야베스는 태어날 때부터 짊어졌고, 이름과 함께 그를 평생 따라다녔을 그 '고통'이라는 것을 뛰어넘어 하나님께 기도드렸습니다. 그의 기도는 절대 평범하지도, 다른 이들과 비슷하지도 않았습니다. 보통의 평범한 사람들은 지금 당장의 고통을 없애달라고 기도했을 테지만 야베스의 기도는 달랐습니다. 눈앞의 고통을 없애는 것이 아닌 자신의 지경을 넓혀달라는 기도를 드렸습니다.

"하나님, 너무 힘들어요. 제가 원하는 삶은 이게 아니에요. 제발 제가 원하는 대로 바꿔 주세요."라고 하는 것이 아닌 하나님께 고통을 넘어서는 더 큰 축복을 구하며 삶의 영역을 넓힌 것입니다.

> 내게 능력 주시는 자 안에서 내가 모든 것을 할 수 있느니라 °빌 4:13

    전능하신 하나님에 대한 기대와 믿음을 샘솟게 하는 말씀입니다. 내게 능력 주시는 하나님이 계시니, 그런 하나님이 내 아버지이시니, 그 분 안에 있으면 내게 능치 못할 것이 없다는 이 고백을 드릴 때마다 새 힘이 생깁니다. 그런데 정작 삶 속에서 어려운 일에 부딪히게 되면 기쁨으로 드렸던 그 고백을 쉽게 잊게 됩니다. 물론 고난 가운데에서도 오직 주님만 의지하며 기도로 자신의 한계를 극복하는 것은 분명 쉬운 일이 아닙니다. 하지만 그것을 넘어설 때 우리는 무한한 하나님의 능력을 맛볼 수 있습니다.

    우린 쉽게 무너지는 내 믿음 안에, 내 작은 가슴 안에 하나님을 가둬 놓을 때가 많습니다. 전지전능하시고 크신 하나님을 내가 생각하는 딱 그만큼으로만 생각하고, 기도 또한 그렇게 하는 것입니다. 누구는 그저 고민이 있을 때 그 고민을 들어주고 해결해주는 상담사 정도로, 다른 누구는 병을 고쳐주는 의사로, 또 다른 누군가는 잘못만 지적하고 벌주는 경찰관 같은 존재로 하나님을 오해하고 받아들일 때가 많습니다. 그런 이유로 내가 원하는 일이 이뤄지지 않거나 불만족스러운 결과를 맞았을 때 우린 하나님을 원망하기가 쉽습니다. 하지만 그것은 하나님을 내 마음대로, 내 기준대로 제한하고 내 안에 가두는 어리석은 행동입니다.

> 이는 내 생각이 너희의 생각과 다르며 내 길은 너희의 길과 다름이
> 니라 여호와의 말씀이니라 이는 하늘이 땅보다 높음 같이 내 길은
> 너희의 길보다 높으며 내 생각은 너희의 생각보다 높음이니라

°사 55:8-9

하나님은 전능하신 분입니다. 능치 못함이 없으십니다. 우리는 하나님을 향해 마음을 더 넓고 크게 열어야 합니다. 야베스처럼 자신의 상황에만 몰두하지 않고 하나님을 바라보며 굳은 믿음을 잃지 않아야 합니다. 야베스를 보며 도전받기 원합니다. 나의 고난과 한계를 극복하고 내 영과 삶의 지경을 넓혀 달라 하나님께 구하십시오. 하나님은 능히 이뤄주실 수 있는 분이십니다. 야베스의 기도를 들으시고 그가 구한 바를 다 허락하여 이뤄주신 분이 바로 하나님이십니다.

그리고 또 한 가지 반드시 기억해야 할 것은, 바로 기도입니다. 기도의 중요성은 아무리 강조를 해도 부족하지 않습니다. 세상과 '다른' 사람은 어떤 상황에서 은혜를 구하며 하나님께 나아가느냐도 다르지만, 그 때에 하나님께 드리는 기도의 내용도 다릅니다. 주의 손으로 나를 도우셔서 '내'가 문제와 상황을 극복하도록 도와달라는 것이 아니라 '주의 손'을 믿고 기도해야 합니다. 야베스가 만약 혼자 생각하기만 하고 하나님께 '말하지' 않았다면 하나

님의 역사하심은 없었을 것이고, 성경에 기록될 수도 없었을 것입니다. 그랬다면 지금 우리를 감동시키는 찬양도 나오지 못했을 테고 말입니다.

야베스처럼 기도할 수 있으면 좋겠습니다. 진심으로, 온 맘을 다해 고백할 수 있길 원합니다.

"하나님, 나에게 복에 복을 더하여 주사 나의 지경을 넓혀주세요. 주의 손으로 나를 도우셔서 환란에서 벗어나도록 해주세요. 근심이 없게 해주세요."

> 야베스가 이스라엘 하나님께 아뢰어 이르되 주께서 내게 복을 주시려거든 나의 지역을 넓히시고… °대상 4:10

하나님의 사람은 축복도 큰 사명으로 알고 감사히 받을 수 있어야 합니다. 다만 그냥 받아서 혼자 누리는 것이 아니라 그 축복을 흘려보낼 수 있어야 합니다. 받은 복의 목적과 쓰임이 하나님을 알지 못하는 사람들과는 달라야 한다는 뜻입니다. 그래야 하나님의 자녀로서 영향력이 생기기 때문입니다. 하나님이 내게 복을 주시는 것은 하나님이 원하시는 사명이 있다는 것입니다.

> 야베스에 살던 서기관 종족 곧 디랏 종족과 시므앗 종족과 수갓 종

족이니 이는 다 레갑 가문의 조상 함맛에게서 나온 겐 종족이더라
°대상 2:55

하나님께서 야베스에게 주신 복은 두 가지입니다.

첫 번째는 야베스를 '귀중한' 자라 불러주신 것입니다. 가진 것 없고 누릴 것이 없던 야베스가 하나님께서 축복하셔서 존귀한 자가 되었습니다.

두 번째 복은 역대상 2장 55절을 보면 알 수 있습니다. 야베스라는 이름이 한 도시의 이름이 된 것입니다. 가난과 고통의 의미를 담고 있는 이름을 함부로 도시의 이름을 사용하지는 않습니다. 이것은 무슨 의미일까요? 야베스가 그만큼 영향력이 있고, 존귀하게 축복 받은 사람이 되었다는 것입니다. 비단 이것뿐만이 아닙니다. 수천 년이 지난 지금 우리에게 기도문으로, 또 찬양으로 영향력을 끼치고 있는 것만 봐도 야베스가 받은 축복이 얼마나 귀하고 큰 것인지 알 수 있습니다.

하나님을 믿는 사람은 달라야 합니다. 삶의 중심을 주님께 두어야 합니다. 복 받는 사람은 다르고, 쓰임 받는 사람은 다릅니다. 축복 받는 사람도 다릅니다. 하나님이 주시는 꿈을 함께 꾸며 세상과는 다른 방향으로 뛰어야 합니다. 우리가 만나는 사람마다 우리

로 인해 예수님이 궁금해지고 만나고 싶어지는 거룩한 영향력이 있길 바랍니다. 우리로 인해 지경이 함께 축복을 받는 은혜가 있길 소원합니다. 혹 고난 가운데 계십니까? 야베스처럼 마음을 열고 하나님께 기도하십시오. 자신의 상황을 바라보지 않고 하나님만을 바라보며 하나님의 능력을 믿고 기도하십시오. 지금의 한계와 어려움을 뛰어넘는 기적을 볼 수 있을 것입니다.

기도의
명사수

바쁠수록 기도하라는 말이 있습니다. 바쁘다는 핑계로, 시간이 없다는 핑계로 기도를 게을리 하지 말라는 말입니다. 그만큼 그리스도인들에게 기도는 선택의 문제가 아닌 필수사항임을 강조하는 것입니다. 하지만 기도의 자리에만 있다고 그 기도가 하나님께 모두 드려지는 것은 아닙니다.

> …너희가 얻지 못함은 구하지 아니하기 때문이요 약4:2

어떤 사람은 이 말씀을 보며 많이 기도하지 않았음을 반성할 것입니다. 그런데 어떤 사람은 마음이 어려워질 수도 있습니다. 기도를 분명 많이 하고 있는데 왜 구하지 않았다고 말하나 싶은 것입니다.

교회를 다니는 사람은 예배 중에도 기도를 하고, 예배 외에도 수요기도나 새벽기도 등 따로 기도를 위한 시간을 만들 정도로 많은 기도를 하고 있습니다. 교회에 오지 않아도 가정 안에서, 직장 안에서도 기도할 것입니다. 그런데도 왜 응답이 없는 기도가 있는 걸까요?

기도는 횟수가 중요한 것이 아니기 때문입니다. 우리는 기도를 많이 했다고 하지만 하나님께서 보실 때에도 진짜 기도가 맞느냐 하는 것이 문제입니다. 기도할 때 기도에 집중하지 못하고 다른 생각에 빠질 때가 있습니다. 이 생각, 저 생각을 하는 동안에 어느새 중언부언하며 같은 말을 반복하는 것입니다. 그래서 기도를 한 후에도 마음이 시원하지가 않습니다. 하나님께 맡겨드렸으니 평안하고 가벼워져야 할 텐데 그렇지가 못한 것입니다. 기도와 하나님의 음성에 집중하지 못하고, 오히려 산만하게 그저 그 시간을 보내버렸기 때문입니다. 기도를 하고도 다시 삶의 자리로 돌아가면 '어렵다, 안 된다, 될까?' 같은 생각을 하며 자기가 결론을 내려 버리는 것입니다. 이것에 대해서 청교도들은 'Wandering Spirit'이라고 말했습니다.

'wandering'이란 '돌아다니는, 방랑하는, 종잡을 수 없는'이란 뜻으로 즉 우리의 기도를 방해하는 영이라는 것입니다. 기도의 자리에는 있었고, 다른 사람의 기도 소리를 듣기도 했을 것입니다. 하지만 기도를 방해하는 벽을 뚫고 나가지 못한 것입니다. 그런 상황을 두고 성경은 우리에게 "얻지 못함은 구하지 않기 때문이다"라고 말한 것입니다. 기도를 드렸다는 행위에만 만족하며 기도 아닌 기도에 머물러서는 안 됩니다. 하나님의 마음에 합한 기도, 하나님의 마음을 움직이는 진짜 기도인 적중 기도를 드려야 합니다.

기도의 중요성에 대해 말할 때마다 자주 거론되는 이야기가 있습니다. 바로 누가복음 18장에 등장하는 과부와 재판장의 비유입니다.

> 그 도시에 한 과부가 있어 자주 그에게 가서 내 원수에 대한 나의 원한을 풀어 주소서 하되 °눅 18:3

어떤 도시에 한 과부가 살고 있었습니다. 그 과부는 도시의 재판장을 자주 찾아가 자신의 원한을 풀어달라고 청했습니다. 하지만 이 재판장은 불의하여 사람을 무시하는 자였고, 때문에 그녀의 청은 번번이 거절되기 일쑤였습니다. 그런데 그런 불의한 재판장이 과부의 청을 들어주는 놀라운 일이 생깁니다. 어떻게 된 일일까요? 비밀은 여기에 있습니다.

> …자주 그에게 가서… °눅 18:3

과부는 재판장을 한두 번 찾아가고 포기한 것이 아닙니다. 자신의 원한을 풀어달라는 청이 수락될 때까지 끈질기게 재판장을 찾아간 것입니다. 이 억울함을 풀어야 내가 산다는 심정으로 각오하고 재판장을 자꾸만 찾아가 하소연했습니다. 결국 재판장은 과부의 원한을 풀어줘야 그녀가 더 이상 자신을 괴롭게 하지 않겠구나 싶어 과부의 청을 들어주었습니다. 만약 과부가 한두 번 찾아가고 포기했다면 자신의 원한을 풀 기회를 잡을 수 있었을까요? 예수님은 이런 불의한 재판장도 이렇게 하는데 하물며 하나님께서 그분의 자녀로 택하신 사람들의 부르짖음을 들으시지 않겠냐고 말씀하셨습니다.

기도란 하나님을 의지하는 것입니다. 하나님을 의지한다는 것은 곧 하나님의 능력을 덧입는다는 것입니다. 그러니 당면한 모든 문제에 대해 간절하고 끈질긴 기도로 나아가는 자는 승리할 수밖에 없습니다. 다윗이 일평생 승리할 수 있었던 이유는 바로 하나님을 힘으로 삼았기 때문입니다. 기쁠 때나 슬플 때나 주위에 아무도 없는 고난 가운데 있을 때도 변함없이 하나님께 기도했기 때문입니다.

#2. 지금 기도하고 있습니까?

> 나의 힘이신 여호와여 내가 주를 사랑하나이다 여호와는 나의 반석이시요 나의 요새시요 나를 건지시는 이시요 나의 하나님이시요 내가 그 안에 피할 나의 바위시요 나의 방패시요 나의 구원의 뿔이시요 나의 산성이시로다 °시편 18:1-2

다윗이 편하고 시간이 많아서, 기도할 좋은 장소가 있어서 이렇게 기도했을까요? 아닙니다. 다윗은 자신을 죽이려는 사울 왕에게 쫓겨 도망치는 와중에도 하나님께 기도하며 그를 찬양하였습니다. 그가 의지할 곳은 오직 하나님뿐이며, 그의 힘이 되시고 그를 살릴 분 역시 하나님뿐이라는 것을 끊임없이 끈질지게 고백한 것입니다. 그런 다윗의 기도가 그를 하나님 마음에 합한 자이자 이스라엘의 가장 위대한 왕으로 세운 것입니다.

베스트셀러 작가이자 사역자로 알려진 '존 비비어'가 쓴 「끈질김」이란 책이 있습니다. 존 비비어는 그 책을 통해 신앙인의 가장 중요한 성품은 '끈질김'이라고 말합니다. 약속의 말씀을 붙잡고, 무슨 역경이 있더라도 포기하지 않으며 끝까지 버티는 신앙이 필요하다는 것입니다.

축복 받은 사람들의 공통된 성품이 바로 이 '끈질김'입니다. 우리 인생의 고난을 축복으로 바꾸고, 슬픔을 기쁨으로 바꾸는 비밀이 바로 하나님을 향한 끈질긴 기도와 끈질긴 믿음에 있는 것입니다. 끈질기게 기도하는 자는 승리합니다. 날마다 새로워집니다. 이것이 바로 우리가 기도해야 하는 분명한 이유입니다.

예수님 역시 그 끈질긴 기도를 게을리 하지 않으셨습니다. 매일 마을들을 다니시며 사람들을 만나고 말씀을 전하는 바쁜 걸음 가운데에서도 기도를 놓지 않으셨습니다. 하루의 일과를 시작하시기 전 새벽의 미명 아래서도 하나님께 기도하셨습니다. 기도만이 하나님의 능력을 덧입는 길이며, 하나님께 붙들림 받을 수 있는 방법임을 아셨기 때문입니다. 그렇게 새벽과 밤에 하나님께 기도함으로 낮 동안 예수님의 사역은 거룩하고 복된 열매가 더욱 많이 맺어질 수 있었습니다.

> 예수께서 힘쓰고 애써 더욱 간절히 기도하시니 땀이 땅에 떨어지는 핏방울 같이 되더라 °눅 22:44

예수님께선 십자가에 달리기 전, 가룟 유다가 무리를 이끌고 예수님을 넘기러 오기 직전까지도 기도하셨습니다. 땀이 핏방울처럼 될 정도로 말입니다. 끈질기게 기도하심으로 하나님의 능력을 입어 순종의 길로 가신 것입니다. 하나님의 뜻을 온전히 이루는 것 역시 기도의 힘입니다. 기도를 통해 하나님은 일하시고 역사하십니다.

예수님처럼 기도할 수 있길 바랍니다. 밤낮으로 그리고 끈질기게 말입니다. 부지런함과 인내에 더불어 끈질김 또한 기도의 본질이라 할 수 있습니다. 과부가 불의한 재판장을 끈질기게 찾아갔던 것을 기억하십시오. 우리의 기도가 응답되지 않는 이유는 끈질기게 하나님을 붙잡지 않기 때문입니다. 그리고 하나님께 진정으로 구하고 있지 않기 때문입니다.

> 이르시되 아버지여 만일 아버지의 뜻이거든 이 잔을 내게서 옮기시옵소서 그러나 내 원대로 마시옵고 아버지의 원대로 되기를 원하나이다 하시니 °눅 22:42

예수님의 기도에서 또 주목해야 할 것은 "아버지의 원대로 되기를 원하나이다."라는 고백입니다. 필사적으로 기도하는 것도 중요하지만 방향키가 하나님을 제대로 향해야 합니다. 하나님을 기쁘시게 하며, 그분의 마음에 맞는 영적인 흐름과 영적인 길을 정확히 아는 기도를 드려야 하는 것입니다. 다른 무언가에 밀리지 않고 기도에 우선순위를 두고 끈질기게 기도를 잘 드려도 그 방향이 잘못되면 소용이 없습니다.

우리가 얻지 못하는 것은 제대로 구하지 않기 때문입니다. 하나님과 눈을 맞추고, 하나님의 마음에 적중하는 기도를 드리십시오. 한두 번이 아닌 간절함을 가지고 끈질기게 간구하기를 결심하십시오. 자신의 신앙과 삶을 정확하게 보고, 기도 아닌 기도자가 아니라 정확한 명중기도, 적중기도, 그리고 응답 기도를 드리는 사람이 되어야 합니다. 하나님이 끝났다라고 하시기 전에는 절대 끝난 것이 아닙니다. 기도하는 자에게는 승리와 새롭게 하시는 하나님의 축복이 있습니다.

> 환난 날에 나를 부르라 내가 너를 건지리니 네가 나를 영화롭게 하리라 °시 50:15

#3. 우리는 은혜의 다리입니다

오직 부르심을 받은 자들에게는
유대인이나 헬라인이나
그리스도는 하나님의 능력이요 하나님의 지혜니라
하나님의 어리석음이 사람보다 지혜롭고
하나님의 약하심이 사람보다 강하니라

°고전 1:24-25

삶으로
증명하라

'예수 그리스도에 대한 믿음이 있는가'라는 물음은 그리스도인이라면 누구라도 대답하기 쉬울 것입니다. 사람들은 자기가 가진 저마다의 기준을 통해 예수님에 대한 믿음을 확신합니다. 교회에 다니며 봉사도 하고, 기도생활도 열심히 하고, 세례도 받았다는 저마다의 이유로 예수님을 믿는다고 확신하곤 합니다.

그런데 중요한 것은 믿음에 대한 물음의 주체는 내가 아니라 예수님이 되어야 합니다. 예수님께서 우리를 보고 "너는 참 믿음을 지닌 자구나"라고 인정해 주셔야 한다는 것입니다. 일차적인 판단 여부는 사람이 아닌 주님께 달려 있기 때문입니다. 그런 의미에서 주님께서는 무엇으로 우리의 믿음을 인정하실까요?

…인자가 올 때에 세상에서 믿음을 보겠느냐 하시니라 °눅 18:8

예수님은 "내가 오는 날에 믿음이 있는 자를 보겠느냐"라고 말씀하셨습니다. 선뜻 이해하기 어려울지도 모르겠습니다. 한마디로 이 말씀은 예수님께서 다시 올 때에 도대체 이 세상에서 참된 믿음을 찾을 수 있겠는가 라는 염려 섞인 물음입니다. 동시에 우리의 삶이 예수에 대한 믿음을 증명해야 한다는 도전 섞인 말이기도 합니다.

생각해보면 오늘날 한국 교회의 가장 큰 자탄은 예수를 믿어도 별다를 것 없는 삶에서 비롯됩니다. 예수님이 가신 길에 대한 선망도 없고 능력조차도 없는 그리스도인들이 많다는 것입니다. 그래서 교회 밖의 사람들이 우리가 가진 '그리스도인'이라는 이름을 내세워 의무를 요구하는 것입니다. 우리 그리스도인들이 말하는 믿음을 삶으로 증명해보라는 도전이지요. 결국 삶으로 믿음을 증명하는 것은 일차적으로 하나님께 인정받는 일이며 동시에 세상 사람들에게도 삶의 모범을 보이는 일입니다.

어떻습니까? 우리는 지금 믿음을 증명하는 삶을 살아내고 있습니까?

하나님이 세상을 창조하시고 얼마 지나지 않아 세상이 죄악으로 휩싸였습니다. 그 모습을 보시고 하나님은 땅 위에 사람을 지으신 것에 마음 깊이 아파하셨습니다. 비단 그 시대만이 아니라 이 시대도 그렇지 않을까요? 오늘날도 그때와 마찬가지로 수시로 엄습하는 삶의 유혹과 죄를 이겨내기 어려운 시대라는 것입니다. 표면적으로는 믿음이 있다고 하면서 세상에 대한 상반된 욕망들이 들끓는 활화산처럼 있는 우리의 삶 속에, 과연 하나님이 계실까요?

> 여호와께서 하늘에서 인생을 굽어살피사 지각이 있어 하나님을 찾는 자가 있는가 보려 하신즉 다 치우쳐 함께 더러운 자가 되고 선을 행하는 자가 없으니 하나도 없더라 °시 14:2-3

하나님이 세상을 굽어보시며 하나님의 마음에 합한 사람을 찾으셨지만, 한결같이 그 길에서 벗어난 사람들이라고 한탄하셨습니다. 그런데 그런 어둠과 혼돈뿐인 상황에서 희망의 빛과 같은 사람이 등장합니다. 바로 '노아'입니다.

> 그러나 노아는 여호와께 은혜를 입었더라 °창 6:8

'은혜를 입었다'는 문장은 영어 성경에서 '미소 지으셨다'는 의미로 해석됩니다. 노아를 보는 순간 하나님 마음에 미소가 깊이 번진 것입니다. 하나님은 여러 사람이 아니라 단 한 사람으로 말미암아 크게 기뻐하셨습니다. 이처럼 하나님의 나라는 동전 한 닢, 잃은 양 하나, 겨자씨 한 알, 한 사람과 같은 가장 작은 것이 가장 크게 확산되는, 불가해한 신비를 지닌 곳입니다.

그렇다면 도대체 노아는 어떤 사람이었기에 하나님의 마음에 미소를 짓게 할 수 있었을까요? 또한 노아는 어떻게 살았기에 자신의 신앙을 삶으로 증명해 내는 삶을 이룰 수 있었을까요?

첫째, 하나님에 대한 노아의 사랑은 순전했습니다. 여기서 '순전하다'는 말은 순수함과 완전함이 결합된 의미입니다. 개인적인 요구나 필요에 의해서가 아니라 오직 하나님만으로 순수하게 완전히 사랑했다는 것입니다.

> 이것이 노아의 족보니라 노아는 의인이요 당대에 완전한 자라 그는 하나님과 동행하였으며 °창 6:9

"노아는 의인이요 당대에 완전한 자라 그는 하나님과 동행하였고"라고 말합니다. 의인이란 하나님의 마음을 꿰뚫어서 그 뜻을 지키는 사람을 의미합니다. 그리고 완전하다는 것은 그 뜻을 철저히 행한다는 것을 의미합니다.

결정적으로 노아는 하나님과 동행한 사람이었습니다. 동행이란 같이 길을 걸어감을 의미하는 단어입니다. 사람들이 안정이라 부르는 길을 미련 없이 버리고 세상의 보상도 없는 길을 가게 한 열정의 정체는 하나님과의 동행이었습니다. 돈과 명성 그리고 세속적인 즐거움에도 전혀 관계없이 오로지 하나님을 좇아 산 노아에게서 우리는 그리스도인이 살아야 할 삶의 단면을 봐야 할 것입니다.

> …그가 너로 말미암아 기쁨을 이기지 못하시며 너를 잠잠히 사랑하시며 너로 말미암아 즐거이 부르며 기뻐하시리라 하리라 °습3:17

하나님께서 기쁨에 이기지 못하여 즐거운 노래까지 부르며 기뻐하신다고 말씀하고 계십니다. 일말의 유혹 없이 자신의 믿음을 삶으로 증명한 노아를 보며 하나님은 이렇게 기뻐하셨을 것입니다. 생각하기에 따라서는 하나님과 함께하는 것을 어려운 규율을 지키며 사는 것이라고 여길 수도 있습니다. 하지만 하나님과의 동행은 규율에 얽매기 위함이 아니라 사랑으로 자유로운 삶을 위한 것임을 기억해야 할 것입니다.

둘째, 노아는 하나님을 전적으로 신뢰했습니다. 하나님은 이 세상에 죄악이 가득하므로 심판하리라고 말씀하시곤 노아에게 방주를 만들라고 하셨습니다. 그런데 노아의 입장에서는 난감한 노릇이기도 할 겁니다. 왜냐하면 그는 일생 하늘에서 비가 내리는 것을 보지 못했기 때문입니다. 그런 그가 여덟 식구뿐만 아니라 세상의 온갖 짐승의 암수가 들어가야 하는 엄청난 크기의 배를 만들어야 한다니, 이보다 더 큰 모순이 어디 있을까요?

> 노아가 그와 같이 하여 하나님이 자기에게 명하신 대로 다 준행하였더라 °창 6:22

도무지 이해할 수 없는 하나님의 명령에 노아는 명하신 대로 준행했습니다. 그는 발을 딛고 선 자리에서 주어진 삶의 조건에 충실하며 말씀을 이루기 위해 힘을 쏟았습니다. 그는 세상 사람들에게는 은둔자처럼 고독하게 일생을 산 사람에 불과했지만 하나님에게는 더할 나위없는 기쁨의 존재였던 것입니다.

> 믿음으로 노아는 아직 보이지 않는 일에 경고하심을 받아 경외함으로 방주를 준비하여 그 집을 구원하였으니 이로 말미암아 세상을 정죄하고 믿음을 따르는 의의 상속자가 되었느니라 °히 11:7

노아의 믿음은 아직 보이지 않는 일들에 대해 확신하고 준행

한 믿음이었다고 말합니다. 실감이 나지 않는 하나님의 말씀을 노아는 보이는 것으로 이루어간 것입니다. 그리고 마침내 방주를 준비하여 그 집을 구원함으로 믿음을 따르는 의의 상속자가 되었습니다. 믿음으로 가치를 증명한 노아의 삶처럼 우리도 삶의 준령을 넘어가며 마주하는 일이나 고난들을 헛됨으로 낭비하지 말고 믿음을 통해 오롯이 세워가야 할 것입니다.

> 그러나 너와는 내가 새 언약을 세우리니 너는 네 아들들과 네 아내와 네 며느리들과 함께 그 방주로 들어가고 °창 6:18

> 너는 네 아내와 네 아들들과 네 며느리들과 함께 방주에서 나오고 °창 8:16

하나님께서는 노아를 불러 명령하실 때 단지 노아만이 아니라 노아의 자식들까지 함께 부르셨습니다. 그리고 방주에 함께 들어갔던 노아와 그 가족들은 1년이 지나 방주에서 나오게 될 때에도 함께 나왔습니다. 이 말씀은 단순히 방주에 들어가는 방법이나 과정을 말하는 것이 아닙니다. 그것은 노아 한 사람을 넘어서 온 가족을 향한 하나님의 구원에 대한 말씀이자 노아의 올곧은 믿음을 증거 하는 말씀입니다.

노아가 100년 동안 방주를 지을 때 사람들은 모두 그를 비웃고 손가락질 했지만 그의 자녀들은 아버지 노아의 믿음을 따랐습니다. 그 이유가 뭐였겠습니까? 노아가 자신의 신앙을 자녀들에게도 증명하며 살았기 때문입니다. 결국 노아가 지녔던 믿음의 삶으로 말미암아 온 가족이 구원에 이르게 되었다는 것입니다.

이제 우리는 스스로에게 '나는 삶으로 하나님의 살아계심을 증명하고 있는가?'라는 물음을 끊임없이 던지며 삶을 돌이켜야 합니다. 삶 속에서 믿음을 증명하고, 예수님을 증명할 수만 있다면 우리도 노아처럼 하나님을 기쁘시게 하는 자가 될 것입니다. 우리의 삶은 단지 생존하는 것 이상의 분명한 뜻이 있습니다. 이 암울한 세상의 빛과 소금이 되는 것, 썩어져 가는 한 알의 밀알이 되는 것, 바로 우리가 그것이 하나님께서 우리에게 원하시는 삶의 모습이자 우리가 존재해야 하는 이유인 것입니다.

주 예수를
믿으라

우리가 교회를 다니고 예배드리며 말씀을 듣는 이유는 무엇일까요? 예수님을 더 잘 믿기 위해서 제대로 바로 믿기 위해서입니다. 그래서 매 주일마다 그리스도인들은 교회로 가서 예배를 드리고 성경을 공부하며 기도하고 교제합니다. 그리스도인들이 그 수가 적은 것도 아닙니다. 이미 동네마다 세워진 교회의 수도 과거와는 비교도 되지 않을 정도로 많고, 지금도 이곳저곳에 교회가 세워지고 있습니다. 이 모습을 바라보는 하나님의 마음은 어떨지 궁금해집니다. 나를 믿는 사람이 저렇게나 많구나, 참으로 기쁘구나 하며 흐뭇하게 보고 계실까요?

우리는 보이는 현상과 숫자만을 보고 제대로 잘 하고 있다고 착각하기 쉽습니다. 하지만 성경을 보면 예수님이 우리의 믿음에 대해 걱정하시는 모습을 발견할 수 있습니다.

> 내가 너희에게 이르노니 속히 그 원한을 풀어 주시리라 그러나 인자가 올 때에 세상에서 믿음을 보겠느냐 하시니라 °눅 18:8

"인자가 오는 날에 세상에서 믿음을 보겠느냐" 예수님께서 왜 이런 말씀을 하셨을까요? 교회를 다니는 사람이 적지 않고 그리스도인들은 매일 예수님을 믿는다고 말하는데 말입니다. 예수님께서 보고자 하시는 '믿음'이란 그저 말로 고백하는 것이 아닌 믿음으로 '사는 것'입니다. 나는 예수를 믿는다고 '말하는' 것이 아니라 믿음으로 '생활'하는 것, 그것이 곧 믿음입니다. 믿음과 사는 것이 구분된다면 그것은 진정한 믿음이 아닙니다. 믿는다면 믿는 그대로 살아내야 하는 것입니다. 예수님의 염려는 바로 여기에 있습니다. 믿음을 보겠냐고 하신 말씀은 이렇게 바꿔볼 수 있습니다.

"너희가 믿는다고 말하는데 정말 그 믿음대로 살아가고 있느냐. 네 삶으로 복음을 증명하고 있느냐."

예수님을 염려케 하는 우리의 문제는 과연 무엇일까요? 예수님을 믿고 예배드리는 그 순간에는 우리 모두 영혼의 강건함을 느낄 것입니다. 하지만 예배드리는 시간과 장소를 벗어나 일상으로 돌아왔을 때, 우리의 삶 속에서 바뀐 모습을 발견하기란 쉽지 않습니다. 이기심과 교만, 자기고집 그리고 잘못된 습관들이 변해야 하는데 개선되지 않는 것입니다. 우리 안에 바꾸고자 하는 의지가 없는 것입니다. 삶을 바꾸는 것은 말이 아니라 행동으로 이뤄져야 합니다. 그런데 변화가 없다는 것은 무엇이겠습니까? 말만 하고 행동하지 않는 것입니다.

믿음은 말로 하는 것이 아닙니다. 믿음은 행함으로 완성되는 것이고 그 행함이 곧 우리의 삶이 되는 것입니다. 하지만 그렇다고 해서 '네! 그럼 당장 바꾸겠습니다!'라고 하며 이거 하겠다, 저거 하겠다, 줄줄이 나열하며 성급하게 행동해서는 안 됩니다. 의욕에 넘쳐서 좋아보이고 하고 싶었던 것으로 꽉 채운 계획표는 작심삼일로 끝나기 쉽습니다. 그 계획표를 꼭 지켜 실천하겠다는 굳은 의지가 서지 못한다면 계획표가 아무리 완벽하고 좋아도 소용이 없는 것입니다.

믿음의 삶을 실천하기 위해 무엇으로 우리의 의지를 단단하게 세워야 할까요? 기도입니다. 그리스도인은 기도로 시작해야 합니다. 아주 작은 것도, 정말 개인적인 것, 그 어떤 것이든 하나님께 기도함으로 시작해야 합니다.

그런데 기도를 하다보면 이런 의문이 들 수 있습니다. 열심히 기도하는데 왜 우리 남편은, 아내는 변하지 않는 것인지, 왜 우리 자녀들은 교회를 열심히 나오지 않는 것인지 이런 의문이 듭니다. 그 이유는 기도의 시작이 잘못됐기 때문입니다. 가족 혹은 지인들을 두고 변화하게 해달라고 기도하기 전에 먼저 우리 자신이 변화되길 기도해야 합니다.

  모든 변화는 나로부터 시작됩니다. 기도 역시 마찬가지입니다. 스스로 바뀔 마음이 없고 노력을 하지 않는 사람은 주변의 사람들에게 예수로 말미암은 감동을 줄 수 없습니다. 그리고 가까운 곳을 변화시킬 수 없다면 온 세상을 향해 전도자로 나가는 것 또한 쉽지 않을 것입니다. 기도의 시작은 먼저 우리 자신을 향해야 합니다. 우리가 먼저 변화될 수 있도록 기도하며 믿음의 섬김과 사랑을 실천해야 합니다. 우리의 변화가 우리 주변의 변화로 이어지는 것입니다.

  믿음에 거창하고 복잡한 행동 공식은 없습니다. 믿음은 우리의 삶을 통해 증명되는 것입니다. 굳이 설명하지 않아도 자연스럽게 우리의 일상을 통해 보이는 것입니다. 그럼 어떻게 해야 우리의 삶 속에 예수를 녹여내고 주 예수를 '믿는' 자의 삶을 살 수 있을까요? 이 질문에 답은 성경 속에서 찾을 수 있습니다.

> 오직 성령이 너희에게 임하시면 너희가 권능을 받고 예루살렘과 온 유대와 사마리아와 땅 끝까지 이르러 내 증인이 되리라 하시니라
> °행 1:8

이 말씀을 꼭 기억하고 가슴에 품을 수 있길 소망합니다. 믿음의 그리스도인들 안엔 성령이 계십니다. 그 성령의 능력을 밖으로 흘려보내는 것이 바로 믿음의 삶입니다. 성령의 능력으로 내가 변화되고, 내 가족이 변화되고, 내 이웃과 교회와 나라가 변화되는 것. 그것이 예수님의 증인된 삶입니다.

누가복음 8장에 보면 군대 귀신이 들렸던 남자의 이야기가 나옵니다. 남자에게 들어간 귀신들은 자신들을 군대라 부르며 남자 안에서 나오려 하지 않았습니다. 예수님께서는 갈릴리 맞은편 거라사인의 땅에 가셨을 때 이 귀신 든 남자를 만나셨고, 즉시 남자에게서 귀신들을 쫓아버리셨습니다. 예수님 덕분에 남자는 정신이 온전해지고 구원받았습니다. 사망에서 구원 받아 새 삶을 얻은 이 남자의 기쁨과 감사가 얼마나 컸겠습니까. 남자는 주님만 따르겠다며 주님 곁에 함께 머무르기를 예수님께 구하였습니다. 하지만 예수님은 그를 집으로 돌려보내셨습니다.

> 귀신 나간 사람이 함께 있기를 구하였으나 예수께서 그를 보내시며 이르시되 집으로 돌아가 하나님이 네게 어떻게 큰 일을 행하셨는지를 말하라 하시니 그가 가서 예수께서 자기에게 어떻게 큰 일을 행하셨는지를 온 성내에 전파하니라 °눅 8:38-39

예수님의 은혜를 경험한 사람은 그 은혜가 차고 넘쳐서 바깥으로 흐르게 됩니다. 감당할 수 없는 은혜의 감격이 넘쳐 혼자 가슴에 담아둘 수가 없습니다. 나누고 싶어 합니다. 전하고 싶어 합니다. 그 은혜와 감동을 그대로 가지고 집으로, 일터로 달려가게 됩니다. 주님의 뜻은 우리의 가정이 교회가 되는 것입니다. 교회에서 예배와 기도를 통해 하나님이 우리에게 복을 주시고 큰일을 행하신 것을 하나하나 전하는 것. 바로 그것이 전도입니다.

가장 가까운 사람부터 시작하십시오. 사실 가족이나 친한 친구에게 복음을 전하는 것은 낯선 이들에게 전하는 것보다 더 힘이 듭니다. 더 편하기 때문에 더 쉽게 거절할 수 있고, 서로 너무 잘 알기에 한 마디 한 마디가 더 조심스럽기 때문입니다. 하지만 가장 가까운 사람부터 시작해야 합니다. 우리가 받은 은혜와 축복이 얼마나 크고 놀라운지 그들에게 먼저 전해야 합니다.

누가복음 15장에 나오는 탕자의 비유를 보면 어떻게 하면 가족에게 주님을 전할 수 있을지 그 해답을 알 수 있습니다.

한 남자에게 두 아들이 있었습니다. 그 중 방탕하고 놀기 좋아하던 둘째 아들은 아버지에게 유산으로 받을 재산을 미리 받아 집을 나갔습니다. 하지만 그는 얼마 못 가 가진 돈을 모두 탕진하고 죽을 지경이 되었고, 그제야 돌이켜 아버지의 집과 아버지의 사랑을 깨달았습니다.

> 이에 스스로 돌이켜 이르되 내 아버지에게는 양식이 풍족한 품꾼이 얼마나 많은가 나는 여기서 주려 죽는구나 °눅 15:17

첫 번째 해답은 스스로 돌이키게 하는 것입니다. 믿지 않는 가족이 스스로 돌이켜 자신의 상황을 깨달을 때까지 기다리는 것입니다. 강요하거나 주입하는 것이 아니라 본인이 스스로 영혼의 갈급함을 느낄 때까지 기다리는 것입니다. 네 마음대로 해라, 하고 싶은 대로 하라고 버려두는 방치나 방목을 말하는 것이 아닙니다. 기다리되 하나님께 기도하며 기다려야 합니다. 그들이 스스로 깨달을 때까지 말입니다.

스스로 돌이킨 방탕한 아들의 깨달음은 두 번째 해답으로 이어집니다. 바로 '믿음 생활'입니다. 깨달음을 얻은 아들은 '내 아버지의 집에는 풍족한 품꾼이 얼마나 많은가' 라고 생각합니다. 아버지가 얼마나 인격적이고 풍성한 사람이며 베푸는 사람인지, 얼마나 사랑이 많은 사람인지를 돌이켜 깨달아 아버지에게로 돌아가겠다고 결심한 것입니다. 그의 아버지가 평소에 그런 모습을 보여주지 않았다면 이런 깨달음과 회복은 없었을 것입니다.

탕자의 비유에서 볼 수 있는 마지막 해답은 '초청'입니다. 늘 사랑으로 준비되어 있는 초청 말입니다. 멀리 떠나버린 사람을 위해 기도하며 기다리고, 평소에 믿음 생활의 본을 보여 온 사람은 자연스럽게 가족을 향해 손을 내밀며 그를 환영하게 될 것입니다. 탕자의 아버지를 보십시오. 둘째 아들이 집으로 돌아왔을 때, 저 망나니 아들이 돌아왔구나, 잘 왔구나 하며 집안에 앉아서 아들이 그 앞까지 오길 마냥 기다리지 않았습니다. 아버지는 아직 거리가 멀어 잘 보이지도 않는데 아들을 알아보고 한걸음에 달려 나가 아들을 맞이했습니다. 재산도 다 잃고 거지꼴을 하고 돌아온 아들의 목을 안고 입을 맞췄습니다. 그 어떤 질문도 비난도 하지 않고 사랑으로 깊이 안아준 것입니다.

탕자의 아버지가 돌아온 아들을 맞이하고 기꺼이 집으로 들인 것처럼, 예수님이 우리를 두 팔 벌려 환영하십니다. 예수님이 우리를 기꺼이 초청하여 그의 품에 안아주셨듯이, 우리도 우리 가족과 지인이 예수님의 곁으로 오고자 할 때 환영해야 합니다. 기다리십시오. 기도하며 기다리십시오. 주님께서 기회를 주실 것입니다.

또한 예수님은 우리에게 가까이에 있지만 그동안 관심을 갖지 않았던 사람들에게 나아가라 말씀하십니다. 물리적으로 멀리 떨어져 있는 나라와 민족을 품는 것도 중요하지만, 먼저 우리 곁에 가까이 있지만 심적으로는 멀리 떨어져 있던 사람들에게 눈을 돌리라는 것입니다.

얼굴은 낯이 익지만 마주하기엔 어색하고 낯선 이웃들이 우리 주변에 얼마나 많이 있습니까? 엘리베이터에 타도 서로 인사하지 못하고 서먹하고, 어디서 봤는데 하고 지나가는 그런 사람들 말입니다. 행함이 있는 믿음, 예수가 녹아든 삶이란 바로 그들에게 예수 생명과 복음을 전하는 것입니다.

복음을 전하는 방법은 어렵지 않습니다. 그들을 '바라보는' 것입니다. 관심을 가지고 궁금해 하며 사랑의 눈으로 바라보고 다가가야 합니다. 그 다음엔 어떻게 해야 할지 미리 걱정하고 염려하지 마십시오. 우리 안의 성령님께서 하실 것입니다.

> 또 너희가 나로 말미암아 총독들과 임금들 앞에 끌려 가리니 이는 그들과 이방인들에게 증거가 되게 하심이라 너희를 넘겨 줄 때에 어떻게 또는 무엇을 말할까 염려하지 말라 그 때에 너희에게 할 말을 주시리니 말하는 이는 너희가 아니라 너희 속에서 말씀하시는 이 곧 너희 아버지의 성령이시니라 °마 10:18-20

예수님께서 제자들을 세상으로 보내시며 우리가 곤란한 상황에 처하더라도 염려하지 말라 말씀해주셨습니다. 예수님을 믿습니까? 어떤 말을 하는지, 어떻게 행동해야 하는지 미리 걱정하고 염려하지 마십시오. 믿음은 행함이요, 그 힘은 성령으로부터 오는 것입니다. 믿음이 있다면 아무것도 염려할 것 없습니다.

> 오직 성령이 너희에게 임하시면 너희가 권능을 받고 예루살렘과 온 유대와 사마리아와 땅 끝까지 이르러 내 증인이 되리라 하시니라
> ˚행 1:8

"땅 끝까지 이르러 내 증인이 되리라"는 말씀은 꼭 장소적인 개념만을 이야기하는 것이 아닙니다. 언제, 어디서든지, 누구에게나, 무엇을 먹든지, 무엇을 하든지 우린 예수님의 증인이라는 강력한 선포의 말씀입니다.

오늘날 우리가 성공해야 할 이유가 무엇일까요. 바로 이러한 사명이 있기 때문입니다. 축복은 누림이 아니라 사명에 목적이 있음을 잊어선 안 됩니다. 하나님이 우리에게 주신 재능과 지혜를 가지고, 모든 사람을 구원하고자 하시는 그 일을 위해 세상으로 나아가야 합니다. 하나님의 간절한 소원을 이뤄드리기 위해 담대히

세상으로 나아가야 합니다. 하나님께서 우리를 세상 속에서 성공하게 하셨다면 허락하신 그 성공을 하나님의 나라를 위해 사용해야 합니다.

진정한 믿음의 사람으로 변화된다면 하나님의 광대한 축복이 부어질 것입니다. 예수님을 향한 믿음을 행동으로 보여주며 하나님이 주신 복을 세상으로 흘려보내십시오. 모든 것은 나로부터 시작됩니다.

와서 보라

하나님께서는 우리 주변을 늘 맴돌고 계십니다. 우리가 문을 열어주길 기다리면서 말입니다. 우리 손으로 문을 열고 들어오시라고 말하지 않는 이상, 하나님께서는 먼저 우리 마음속으로 들어오지 않으십니다. 왜냐하면 우리를 인격적으로 사랑하시기 때문입니다. 하나님께 우리는 너무나 소중한 사람이기에 우리가 먼저 초대해주기를 기다리고 계십니다. 하나님은 전능하셔서 우리의 허락이 없어도 우리 안에 오실 수 있지만 기다리시는 것입니다.

자녀들을 향한 부모님들의 사랑과 관심을 생각해보면 하나님의 마음을 이해하기 쉽습니다. 자녀들이 결혼해서 분가하여 나가면 부모님들은 그들이 잘 지내고 있는지, 건강한지 늘 궁금할 수

밖에 없습니다. 전화나 메시지는 불쑥 해볼 수 있지만 집으로 찾아가는 것은 마음대로 가기가 쉽지가 않습니다. 자녀들이 먼저 집으로 오시라고 말하지 않는 이상 부모님들은 조심스럽습니다. 왜냐하면 소중하기 때문입니다. 혹시나 불쑥 들어갔다가 자녀의 마음에 상처가 나지 않을까, 오히려 싫어하지 않을까 염려하는 것입니다. 하나님도 마찬가지입니다. 하나님께서는 굳게 닫힌 문을 억지로 열고 들어오지 않으십니다. 문 밖을 맴돌며 우리와 함께 하길 간절히 바라고 계십니다.

하나님이 기다리는 사람들 중에는 스스로 문을 열고 주님을 맞이하는 사람도 있을 것이고, 그렇지 못한 사람도 있을 것입니다. 주님을 먼저 만나는 은혜를 누린 그리스도인들은 마음의 문을 열지 못하고 있는 사람들이 문을 열 수 있도록 도와줘야 합니다. 그리고 그들을 기다리며 문 밖에 하나님이 기다리고 계신다는 것을 알지 못하는 사람에게는 그것을 알려야 합니다.

하나님께 나아가는 길이 그리 쉬운 길은 아닙니다. 주님에게 향하는 길은 모든 사람에게 열려 있지만 그 길에는 무수한 장애물이 있기 때문입니다. 가정, 일터, 주변의 사람들 등 외부적인 장애물도 있지만 편견, 독선, 오해 등 스스로 내면에 키워온 내적 장애물도 있습니다. 이러한 내적 장애물은 내면 깊숙한 곳에 뿌리내리기 때문에 본인이 혼자서 깨는 것이 외부적인 장애물보다 어렵습니다.

예수님을 만났던 성경 속 인물 중에도 이런 내적 장애물을 가지고 있던 사람이 있습니다. 바로 나다나엘이라는 사람입니다.

> 이튿날 예수께서 갈릴리로 나가려 하시다가 빌립을 만나 이르시되 나를 따르라 하시니 빌립은 안드레와 베드로와 한 동네 벳새다 사람이라 빌립이 나다나엘을 찾아 이르되 모세가 율법에 기록하였고 여러 선지자가 기록한 그이를 우리가 만났으니 요셉의 아들 나사렛 예수니라 °요 1:43-45

예수님의 부름을 받은 빌립은 나다나엘을 찾아갔습니다. 그리고 그에게 모세의 율법에 기록되어 있고 여러 선지자가 기록했던 바로 그 사람을 만났다고 말했습니다. 성경에 기록된 구세주를 만났다는 빌립의 말에 나다나엘은 어떤 반응을 보였을까요?

> 나다나엘이 이르되 나사렛에서 무슨 선한 것이 날 수 있느냐 °요 1:46

나사렛은 가난한 사람들의 마을이었습니다. 소외되고 사회적 위치가 낮은 사람들이 모여 사는 곳이었습니다. 나다나엘은 그런 나사렛에 대해 편견을 가지고 있었던 듯 합니다. 그런 낮은 곳에서 어떻게 구세주 같은 인물이 나올 수 있겠냐는 것입니다. 빌립이 만났다고, 직접 보았다고 말했지만 나다나엘은 자신의 편견에 치우쳐 빌립의 말을 믿으려 하지 않았습니다.

'하나님의 선물'이라는 뜻을 가지고 있는 그의 이름에서 알 수 있듯이 나다나엘이 태어나고 자란 가정은 하나님을 믿고 섬기는 가정이었습니다. 그런 집에서 자란 나다나엘이었지만 그도 편견을 가지고 있었던 겁니다. 나다나엘이 어떻게 해서 이런 편견을 가지게 되었는지, 사회적인 환경의 영향을 받은 것인지 아니면 개인적인 경험에 의한 편견이었을지는 알 수 없습니다. 중요한 것은 어떤 식으로든 내면에 자리 잡은 편견은 오랜 기간 동안 깊게 뿌리내리기 마련이라는 것입니다. 편견은 차근차근 설명한다고 해서 풀어지지 않습니다. 스스로 나름의 근거를 가지고 그렇게 생각하기로 결정한 것이기 때문입니다.

그럼 편견을 해소시킬 수 있는 가장 좋은 방법은 무엇일까요? 바로 편견을 가진 당사자로 하여금 직접 사실과 대면하게 하는 것입니다. 나다나엘에게 구세주를 만났다 말했던 빌립은 그것을 잘 알고 있는 사람이었습니다.

나다나엘이 이르되 나사렛에서 무슨 선한 것이 날 수 있느냐 빌립

이 이르되 와서 보라 하니라 °요 1:46

빌립의 말을 도무지 믿으려 하지 않는 나다나엘에게 빌립은 딱 두 마디만 합니다.

"와서 보라."

지금도 많은 사람들은 교회를 와보지도 않고 그리스도인과 교회에 대해 실망했다고 말하며 나름의 편견을 가지고 판단합니다. 예수님에 대해선 아예 들어보려고도 하지 않습니다. 그런 사람들에게 성경을 가르치려 애쓰거나 변명을 늘어놓는 것보다 더 효과적인 것은 바로 빌립의 이 한 마디입니다.

"와서 보십시오!"

기독교는 가르친다고 알게 되는 것이 아닙니다. 예수님을 믿는 신앙은 머리로 아는 것이 아니라 영혼이 성령에게 사로잡혀 심령이 변화되는 기적 같은 일이기 때문입니다. 내 안에 임하신 성령으로 인해 스스로 하나님 앞으로 인도함을 받는 것입니다. 그렇기에 '와서 보라'는 이 말이 너무도 중요합니다. 이 말을 외치는 '사람'이 정말 중요합니다.

나다나엘은 빌립의 말에 예수님이 계신 곳으로 갔습니다. 나다나엘이 예수님을 보러 가겠다고 마음을 먹게 된 것이 예수님 때문일까요, 빌립 때문일까요? 아마 예수님 때문은 아니었을 겁니다. 나다나엘은 나사렛에 대한 편견으로 예수님을 보고 있었기 때문입니다. 나다나엘의 첫걸음은 바로 빌립이 이끌어낸 것입니다. 당시 빌립은 성령으로 충만하여 사람들에게 신뢰받는 사람이었기 때문입니다.

> 명절에 예배하러 올라온 사람 중에 헬라인 몇이 있는데 그들이 갈릴리 벳새다 사람 빌립에게 가서 청하여 이르되 선생이여 우리가 예수를 뵈옵고자 하나이다 하니 °요 12:20-21

헬라인은 이스라엘 사람들의 기준으로 봤을 때 이방인이었습니다. 이스라엘 사람들은 헬라인들을 상종하지 못할 사람들이라 여기며 가까이 하지 않았습니다. 하지만 헬라인 같은 이방인들 가운데에도 예수님을 믿고 하나님을 경외하는 사람들이 있었습니다. 그들도 예수님을 만나 말씀을 듣고 싶었던 겁니다. 하지만 그것은 이방인들에게 쉽지 않은 일이었습니다.

예루살렘에 온 헬라인들 역시 예수님을 만나고 싶어도 사람들을 의식해 선뜻 갈 수 없었습니다. 그래서 찾아간 사람이 바로 빌립입니다. 빌립에게 예수님을 만나게 해달라고 부탁한 것입니다. 헬라인들이 어떻게 빌립을 알고 찾아갔을까요? 아마도 이방인들

사이에 소문이 났을 것입니다. 빌립은 착하고 믿을 수 있는 사람, 우리를 이해해주는 사람이라는 이야기를 어디선가 듣지 않았을까요? 헬라인들에게는 빌립을 통하면 예수님을 만날 수 있다는 확신이 있었기 때문에 빌립을 찾아갔을 것입니다. 빌립이라는 사람에 대한 신뢰와 확신이 없었다면 그들은 빌립을 찾아가지 않았을 것이고, 만약 빌립이 먼저 헬라인들에게 예수님을 만나러 가자 말했더라도 쉽게 나서지 못했을 겁니다.

빌립을 통해 알 수 있는 것은 바로 이것입니다. 사람들의 마음을 감동시키고 그들을 주 앞으로 나올 수 있게 하는 것은 바로 그리스도인의 삶, 그 자체라는 것입니다. 작은 예수로 살고, 삶 속에 예수를 녹여 내는 헌신을 통해 사람들의 마음을 움직여야만 '와서 보라'는 말을 믿고 하나님이 계신 자리로 함께 올 수 있는 것입니다.

그리스의 철학자 아리스토텔레스의 「니코마코스 윤리학」에 보면 수사학에서의 설득의 수단으로 에토스(ethos), 파토스(pathos), 그리고 로고스(logos)를 말하며 이 세 가지의 연관성이 어우러질 때 상대방이 설득된다고 이야기합니다.

에토스란 말하는 사람, 즉 화자의 품성에서 풍기는 진정성이나 화자가 전하는 메시지의 신뢰성을 뜻합니다. 사람들은 말하는 사람의 말 그 자체가 아니라 '이 사람이 어떤 사람인가'라는 인격에 의해 감동을 받는다는 것입니다. 파토스는 듣는 사람의 가슴을 파고드는 정서적인 호소와 공감력을 말합니다. 다시 말해 듣는 사람의 상태에 따라 좌우될 수 있는 것입니다. 마지막으로 로고스란 논리적 구속력이 화자의 주장을 뒷받침함으로써 청자로 하여금 믿음을 갖게 만드는 능력입니다. 바꿔 말하면 말하는 사람이 전하고자 하는 메시지라고 볼 수 있습니다.

그리스도인에게 로고스는 바로 하나님의 말씀, 복음입니다. 그 자체로 이미 변치 않는 진리인 것입니다. 그럼 듣는 사람들은 무엇으로 판단을 하게 될까요? 바로 메시지를 전하는 사람들이 누구냐, 어떤 사람들이냐에 따라 좌우될 것입니다. 에토스, 즉 말하는 사람의 인격이 중요한 것입니다. 예수님의 복음을 증거 할 때 우리가 어떤 사람이냐, 어떤 삶을 살고 있느냐, 우리의 얼굴에 예수님의 얼굴이 보이느냐, 이것이 중요합니다. 평소의 내 삶 속에서 예수의 모습대로, 예수님처럼 사는 것이 몸에 배어있지 않으면 우리 얼굴에서 예수님의 얼굴은 보이지 않습니다.

나다나엘은 지식이 풍부한 사람이었습니다. 그런 사람이 와서 보라는 빌립의 한 마디에 예수님이 계신 곳으로 갔습니다. 어떻게 이것이 가능했을까요? 빌립이 그의 말을 믿을 수 있게 하는, 신뢰를 주는 사람이었기 때문입니다. 빌립이 평소에 보여주는 그의 삶이 그의 인격과 신뢰도를 증명해줬을 것입니다. 나다나엘에게는 '빌립이 망설임 없이 와서 보라고 자신 있게 말할 정도라면 틀림없을 것이다.' 라는 신뢰가 있었던 겁니다.

오늘날 우리는 빌립을 본받아야 합니다. 우리가 좀 더 진실함과 진지함을 가지고 예수의 사람이 되어 삶 속에서 예수님을 보여줄 수만 있다면, 많은 영혼이 우리를 통해 주님 앞으로 돌아올 수 있을 것입니다.

> 예수께서 나다나엘이 자기에게 오는 것을 보시고 그를 가리켜 이르시되 보라 이는 참으로 이스라엘 사람이라 그 속에 간사한 것이 없도다 나다나엘이 이르되 어떻게 나를 아시나이까 예수께서 대답하여 이르시되 빌립이 너를 부르기 전에 네가 무화과나무 아래에 있을 때에 보았노라 °요 1:47-48

나다나엘이 빌립으로 인해 예수님이 계신 곳으로 오자 그 모습을 본 예수님이 먼저 나다나엘의 속에 간사함이 없다고 말씀하셨습니다. 의심부터 했다고 책망하신 것이 아니라 그의 솔직함을 도리어 칭찬하신 것입니다. 또한 예수님의 말에 놀란 나다나엘에게 이미 전에 무화과나무 아래에 있는 그를 보았다고도 하셨습니다.

당시 영원한 구원의 길이 무엇인가를 고민하는 철학가나 명상

가와 같은 사람들은 무화과나무 앞에서 고민하며 기도했다고 합니다. '누가 나를 구원할 것인가'하고 말입니다. 나다나엘도 그랬던 것입니다. 그가 고민하고 갈급해하며 진리와 구원의 길을 찾고 있다는 것을 예수님께서는 이미 알고 계셨던 겁니다.

> 나다나엘이 대답하되 랍비여 당신은 하나님의 아들이시오 당신은 이스라엘의 임금이로소이다 예수께서 대답하여 이르시되 내가 너를 무화과나무 아래에서 보았다 하므로 믿느냐 이보다 더 큰 일을 보리라 또 이르시되 진실로 진실로 너희에게 이르노니 하늘이 열리고 하나님의 사자들이 인자 위에 오르락 내리락 하는 것을 보리라 하시니라 °요 1:47-51

예수님을 만난 후 나다나엘은 마음의 문을 완전히 열고 주님을 구세주라 고백했습니다. 여기서 우리가 다시 짚어 볼 것이 있습니다. 단지 빌립은 나다나엘을 예수님의 앞으로 데리고 왔을 뿐입니다. 나다나엘의 편견을 무너뜨리고 그의 마음을 열게 하신 분은 바로 예수님이셨다는 사실입니다.

그렇습니다. 우리가 할 일과 주님이 하실 일은 따로 있습니다. 우리가 씨앗을 뿌리면 비를 내려주시고, 햇볕을 비추셔서 자라게 하시는 이는 바로 하나님이십니다. 영혼이 갈급하여 복음이 필요한 사람들을 주님 앞으로 데리고 오는 것은 우리 그리스도인들이 해야 할 일입니다. 그러면 주님께서 그들의 마음을 녹이고 삶을 변화시키실 것입니다. 우리는 주님께서 하실 일을 믿으며 믿지 않는 사람들에게 먼저 다가가기만 하면 됩니다. 믿음이란 우리가 가르치려고 하고, 논쟁하면서 강요한다고 되는 일이 아님을 기억하면서 말입니다.

하나님은 지금도 은혜를 베푸시기 위해 우리의 문 밖에 서서 기다리고 계십니다. 그리고 아직도 주님을 모르는 누군가는 영혼의 갈급함을 풀어줄 은혜와 사랑을 갈구하며 이 말을 기다리고 있을지도 모릅니다.

"함께 가자, 와서 봐라."

어둠의 세상과 주님 사이에 있는 벽을 허물고 당당하게 그들의 손을 잡아 이끄는 용기가 필요합니다. 주님의 은혜가 필요한 자들에게 자신 있게 "와서 보라!"고 외치는 담대함이 필요합니다. 예수로 충만한 사람, 예수를 자랑하는 사람이 되어야 합니다.

기억하십시오. 우리는 하나님과 믿지 않는 사람들 사이에 있는 은혜의 다리입니다. 죄악으로 막힌 담을 허물고 세상과 주님을 다시 연결하는 축복의 통로입니다. 선을 행하되 낙심하지 마십시오. 우리가 포기하지 않고 꾸준히 계속 행하면 반드시 거둘 때가 올 것입니다. 우리의 얼굴과 모습과 삶을 통해서 예수님을 보여줍시다. 오늘도 세상은 우릴 통해 예수님을 봅니다.

하나님의 지혜, 오직 십자가

탄광촌에 살던 한 청년이 있었습니다. 그의 아버지도 그곳에서 석탄을 캐며 살았고 가정은 늘 가난했습니다. 청년은 고등학교를 중퇴하고, 어려서부터 탄광으로 들어가 일했습니다. 어린 시절부터 낮에는 석탄을 캐고, 밤에는 신세 한탄을 하며 술에 절어서 살았던 겁니다.

그러던 어느 날 석탄을 캐던 도중에 갱도가 무너지는 사고가 발생했습니다. 다른 사람들은 무사히 빠져나왔지만 청년은 함께 일하던 한 광부와 함께 갱도 안에 갇히고 말았습니다. 급박한 상황 속에서 청년과 함께 갇힌 광부는 뜻밖의 말을 했습니다. 자신의 경험에 의하면 아마도 갱도에서 살아나가지 못할 것 같다는 말이었습니다. 그러면서 덧붙였습니다.

"사람이 죽으면 마지막에 어디로 가는지 아나?"

청년은 잘 모르겠다고 솔직히 대답했습니다. 그런 것에 관심도 없었고, 알고 싶어 한 적도 없었기 때문입니다. 청년에게 광부는 이렇게 말했습니다.

"누구든지 예수님을 믿으면 영원한 하나님 나라에 가서 영원히 천국의 삶을 누린단다."

예수님을 믿어보지 않겠냐는 광부의 말에 청년은 밑져야 본전이란 심정으로 믿어보겠다고 말했습니다. 어차피 마지막이었으니까요. 그래서 광부가 하자는 대로 영접기도를 했습니다. 그런데 신기한 일이 벌어졌습니다. 죄를 회개하며 구원의 주님을 믿겠다고 고백하던 청년이 울음을 터뜨리며 오열하기 시작한 겁니다. 그렇게 하염없이 울며 기도하다 청년과 광부는 그만 정신을 잃고 말았습니다.

시간이 흐른 뒤 청년은 병원에서 깨어났습니다. 하지만 그에게 예수님을 전해주고 함께 기도했던 광부는 그곳에 없었습니다. 마지막 순간에 청년을 살려내고 자신은 갱도에 묻혀 세상을 떠난 것입니다. 그때부터 청년은 다시 태어나 거듭난 삶을 살았습니다. 마지막 순간에 누군가 나에게 예수 복음을 전해주고 나를 살렸다는 책임감과 빚진 인생이라는 자각이 있었던 겁니다. 청년은 이후 하나님의 부르심을 따라 신학을 공부하고 아프리카 케냐에서 선교사로 활동하며 예수님의 복음을 전했습니다. 매일매일 오늘이 마지막이라는, 지금이 마지막 기회일 수도 있다는 마음으로 말입니다.

'마사이 부족의 아버지'라 불리며 아프리카 케냐에서 활동하는 안찬호라는 한국인 선교사의 실화입니다. 하나님은 우리의 약함도 기적의 도구로 들어 쓰십니다. 하나님께 쓰임 받는 사람은 이것을 믿어야 합니다. 그리고 우리의 약함도 인정해야 합니다. 하나님께서 들어 사용하시는 사람은 인생의 환경을 뛰어넘는 감사의 사람이 될 수 있습니다.

하나님은 우릴 위해 영광스러운 면류관을 준비해두고 계십니다. 그런데 우리가 하나님의 면류관을 받지 못하도록 방해하며 우리를 속이려는 존재가 있습니다. 우리를 교만하게 하고 약점을 파고들어 고꾸라지게 만듭니다. 내 마음의 혈기와 섭섭함 등을 교묘하게 알고, 그러한 것들을 정확하게 짚어내어 하나님 앞에 불순종하게 만드는 존재. 바로 마귀입니다. 마귀가 우리를 속이는 이유는 우리로 하여금 잠들게 하여 하나님을 보지 못하게 하려는 것입니다. 마귀는 하나님의 놀라운 축복의 세계를 보지 못하도록 우리의 눈을 가리고 영혼을 잠재워서 구경꾼으로만 남게 합니다.

하지만 그럼에도 불구하고 우린 하나님께 순종해야 합니다. 하나님의 축복의 주인공이 되어야 합니다. 예수님이 가나의 혼인 잔치에서 물을 포도주로 바꾸셨을 때, 그에게 순종하여 항아리에 물을 채웠던 하인들만이 그 기적을 목도하였습니다. 만약 하인들이 술이 떨어졌는데 물을 채우라니 무슨 소리냐, 터무니없는 소리다라고 하며 예수님의 명령에 순종하지 않았다면 그 기적의 역사에 함께 하지 못했을 것입니다.

고린도전서는 사도 바울이 고린도교회에 보낸 편지들로 이루어져 있습니다. 이 편지에서 바울은 축복의 주인공이 되기 위한 세 가지 전략에 대해 말합니다. 마귀의 유혹을 이기고 승리하여 복음을 전파하여 축복의 주인공이 될 수 있는 비결 말입니다.

첫 번째로 바울이 얘기하고 있는 것은 '오직 십자가'입니다.

> 유대인은 표적을 구하고 헬라인은 지혜를 찾으나 우리는 십자가에 못 박힌 그리스도를 전하니 유대인에게는 거리끼는 것이요 이방인에게는 미련한 것이로되 °고전 1:22-23

바울은 유대인들은 눈에 보이는 뭔가를 보여주거나 체험을 하게 해줘야 믿고, 헬라인은 지식으로 설득이 되어야 믿는다고 말하고 있습니다. 오늘날에도 유대인이나 헬라인과 같이 내가 직접 눈으로 보거나 만져보거나 아니면 이성적으로 납득이 되어야만 믿겠다고 하는 사람들이 있습니다. 세상의 많은 사람들이 표적과 지혜를 구하지만 성경은 그렇게 말하지 않습니다. 성경이 말하는 신앙 추구의 방법은 바로 '십자가'입니다. 바울은 그리스도인은 십자가에 못 박힌 그리스도를 전한다고 말합니다. 우리가 보여줄 수 있는 것은 오직 예수 그리스도의 십자가 밖에는 없다는 것입니다.

기독교는 이성과 지성을 부정하지는 않습니다. 하지만 온전히 그것만 중심으로 하는 종교는 아닙니다. 하나님을 만난 사람들이 모두 신비로운 체험을 가지고 있는 것을 보면 알 수 있듯이 체험과 신비를 완전히 배제하지도 않습니다. 하지만 그렇다고 해서 기독교가 신비주의인 것도 아닙니다.

기독교는 '예수주의'입니다. 예수님 중심, 복음 중심입니다. 바꿔 말하면 '십자가 중심'입니다. 하나님은 인간을 구원하기 위해 예수 그리스도를 희생의 제물로 보내셨습니다. 마귀에게 사로잡힐 수 있는 연약한 인간들을 위해 예수님이 십자가에서 돌아가심으로 속죄의 제물이 되신 것입니다. 예수님으로 인해 우리가 구원을 받아 하나님의 자녀가 된 것, 이것이 바로 십자가의 사건이며 기독교의 중심입니다.

> 내가 너희 중에서 예수 그리스도와 그가 십자가에 못 박히신 것 외에는 아무 것도 알지 아니하기로 작정하였음이라 °고전 2:2

바울은 오직 예수, 오직 십자가만을 마음에 두겠다고 선언했습니다. 우리를 승리하게 하는 비결은 바로 십자가의 능력에 있습니다. 복음의 중심은 십자가입니다. 누구든지 예수 그리스도의 십자가로 인한 구원의 복음을 믿게 된 사람은 더는 죄의 노예가 아닙니다. 하지만 마귀는 끊임없이 우리에게 속삭입니다. 십자가의 능력이 있어도 우리는 죄인이라고 말입니다. 그렇기 때문에 우리는 마귀에게 대적하여 날마다 외치며 기도해야 합니다. 우리는 이미 하나님의 택하심을 받은 백성이며 하나님의 자녀라고 말입니다.

바울이 말한 두 번째 복음 전파의 비결은 '오직 전도'입니다. 그런데 이 전도에 대해 바울은 '미련한 것'이라 말합니다.

> 하나님의 지혜에 있어서는 이 세상이 자기 지혜로 하나님을 알지 못하므로 하나님께서 전도의 미련한 것으로 믿는 자들을 구원하시기를 기뻐하셨도다 °고전 1:21

세상의 모든 사람들의 타락한 지혜로는 하나님의 비밀을 풀 수가 없습니다. 부유한 자든 가난한 자든, 배운 자든 못 배운 자든, 사람들은 쉽게 타락하며 방황하고 잘못된 길로 들어섭니다. 오히려 때로는 더 많이 배우고 아는 사람들이 더 쉽게 하나님보다 세상의 지식과 판단에 더 의존하는 모습을 보기도 합니다. 영화감독이 배우를 캐스팅할 때 점집을 찾아가서 점을 본다든가, 정치인들이 무당을 찾아가본 후 출마선언을 하는 것처럼 말입니다.

하지만 그들이 구하는 지혜와 구원은 세상 속에, 귀신들에게 있지 않습니다. 십자가의 복음이 아니면 영원한 삶의 진리를 알 수 없습니다. 그래서 우리가 전도를 해야 하는 것입니다. 그들에게 십자가의 길을 전해주어야 하는 겁니다. 듣지 못하는 자, 듣고자 하지 않는 자 그 누구에게든 십자가를 전해야 합니다. 하나님은 모든 사람의 구원도 원하시지만 단 한 사람의 회개와 거듭남 또한 귀하게 받으십니다.

> 너희는 예루살렘 거리로 빨리 다니며 그 넓은 거리에서 찾아보고 알라 너희가 만일 정의를 행하며 진리를 구하는 자를 한 사람이라도 찾으면 내가 이 성읍을 용서하리라 °렘 5:1

길에서 하나님을 믿는 자, 의인이라 할 만한 사람을 단 한 명이라도 찾으면 그 성 전체를 용서하고 고치시겠다고 하십니다. 세상이 보기에 예수님의 십자가는 미련해보일 수 있습니다. 복음을 전하는 사람들에게도 미련하다며 손가락질할 수도 있습니다. 하지만 그것이 진리로 향하는 가장 좋은 길이며 옳은 방향입니다. 어떤 상황이 와도 낙심하지 않고, 지금 이 순간 단 한 명의 영혼이라도 놓치지 않겠다는 우직함으로 오직 전도에 힘써야 합니다.

우리는 늘 각자에게 부어질 하나님의 축복을 바랍니다. 하지만 더 중요한 것은 하나님도 복 줄 사람을 찾고 계신다는 것입니다. 우리가 부름 받은 이유도 우리에게 복을 내려주시는 것도 다 그런 하나님의 소원에서 비롯된 것임을 잊어선 안 됩니다.

마지막 세 번째는 '오직 성령'입니다.

우리가 아무리 힘이 없고 나약하며 배우지 못한 사람일지라도 하나님은 우리를 통해 복음을 전하기 원하십니다. 오직 하나님의 능력을 나타내기 위해서 말입니다. 하지만 전도는 우리가 하는 것이 아니라 우리 안의 성령님이 하시는 것입니다.

> 내 말과 내 전도함이 설득력 있는 지혜의 말로 하지 아니하고 다만 성령의 나타나심과 능력으로 하여 °고전 2:4

바울이 그리스의 아덴이라는 곳으로 가서 말씀을 전할 때 그는 철학적인 지식으로 복음을 풀어서 아덴 사람들을 이해시키고자 했습니다. 하지만 아덴은 소크라테스, 플라톤 같이 명성이 자자한 철학자로 가득한 곳이었습니다. 사람들은 바울이 하는 말을 비웃으며 도리어 바울을 조롱했습니다. 철학적 지식과 문학적 수사로 복음을 전하고자 했지만 실패하고 말았던 겁니다.

그 후에 고린도에 갔을 때도 바울은 아덴과 똑같은 상황에 직면하게 됩니다. 앞서 아덴을 경험했던 바울은 같은 실패를 반복하게 될까 두려워하며 하나님께 기도했습니다. 하나님은 그에게 지혜를 주셨습니다. 인간적인 방법, 인간적인 지혜로 하는 것이 아니라 하나님의 방법으로 예수님의 십자가를 전해야 한다는 것이었습니다.

바울은 하나님이 주신 지혜대로 복음을 전했습니다. 아덴에서는 그들로 하여금 듣게 하려고 사람들에게 익숙한 지식을 빌려 하나님을 알리려 했습니다. 하지만 고린도에서는 하나님의 말씀대로 '오직 십자가' 하나만을 전했습니다. 그러자 놀라운 일이 일어났습니다. 듣지 않을 것 같던 고린도의 사람들이 귀를 열고 바울이 전하는 복음을 듣기 시작한 것입니다. 타락했던 자들이 하나님 앞에 회개하며 돌아왔고, 마침내 고린도에 교회까지 세워지게 되었습니다.

생명을 살리는 것은 오직 예수님의 십자가뿐입니다. 어떤 명예나 재물도 하나님을 보게 하진 못합니다. '오직 십자가'를 붙들고 나아갔을 때 성령님이 역사하실 것입니다.

우리는 주님의 십자가를 전하며 하나님께서 우리를 붙잡아주시길 기도해야 합니다. 세상의 지혜로는 하나님을 알 수 없고 십자가의 길이 아니면 구원 받을 수 없습니다. 우리는 하나님의 지혜와 십자가로 마귀에게 승리하여 축복의 주인공이 될 수 있어야 합니다.

> 오직 부르심을 받은 자들에게는 유대인이나 헬라인이나 그리스도는 하나님의 능력이요 하나님의 지혜니라 하나님의 어리석음이 사람보다 지혜롭고 하나님의 약하심이 사람보다 강하니라 ° 고전 1:24-25

섬기다

'신(神)이나 윗사람을 잘 모시어 받드는 것'을 섬김이라고 합니다. 이와 비슷한 의미를 가지고 있는 말로는 아끼다, 돌보다, 받들다, 돕다, 모시다, 종사하다 등의 단어가 있습니다.

기독교에서 말하는 섬기다, serve라는 말에는 좀 더 구체적이고 깊은 의미가 담겨 있습니다. 기본적인 의미는 모시어 받들다, 힘써 거들어 주다, 경외하다 등 국어사전에서의 의미와 크게 다르지 않지만, 성경에 쓰인 serve의 원어를 보면 다른 의미를 찾을 수 있습니다. 하나님의 말씀을 좇아 함께 걷다(창 24:40), 종이 주인의 명령을 기다리며 대기하다(렘 40:10), 하나님을 위해 일하다, 예배드리다(수 24:18, 히 9:14), 성도를 돕고 희생하다(롬15:25, 고후 9:1, 히

6:10) 등 입니다.

이처럼 '섬김'이라는 말은 어떤 행위 자체를 뜻하기도 하고, 그리스도인들의 자세 혹은 마음가짐을 가리키기도 합니다. 상황에 따라 다양하게 해석되고 받아들여질 수 있는 것입니다. 그렇다면 오늘날 우리는 '섬김'을 어떤 의미로 받아들여야 할까요?

> 그러므로 그리스도 안에 무슨 권면이나 사랑의 무슨 위로나 성령의 무슨 교제나 긍휼이나 자비가 있거든 마음을 같이하여 같은 사랑을 가지고 뜻을 합하며 한마음을 품어 아무 일에든지 다툼이나 허영으로 하지 말고 오직 겸손한 마음으로 각각 자기보다 남을 낫게 여기고 각각 자기 일을 돌볼뿐더러 또한 각각 다른 사람들의 일을 돌보아 나의 기쁨을 충만하게 하라 °빌 2:1-4

4절을 보면 각자 자기의 일을 돌볼 뿐만 아니라 다른 사람들의 일도 함께 돌보아 기쁨을 충만하게 하라고 말하고 있습니다. 다른 이를 돕는 것이 나의 기쁨이 된다는 것입니다. 이것은 성경의 다른 말씀 속에서 쓰인 섬김의 의미, 즉 '성도를 돕고 희생하다'와 통한다고 할 수 있습니다. 다른 사람을 돌아보는 것, 이것은 곧 사람을 섬기는 것입니다. 다른 사람을 섬기는 것은 하나님의 기쁨이 됩니다. 그리고 이것은 곧 하나님을 섬기는 것과 같습니다.

너희 안에 이 마음을 품으라 곧 그리스도 예수의 마음이니 °빌 2:5

  섬김은 좁게 보면 봉사, 혹은 사역이라는 말로 대신할 수 있습니다. 그런데 이런 단어를 사용하면 사람들이 간혹 봉사는 나와 상관이 없습니다, 나는 사역 같은 건 못합니다 라고 말할 때가 있습니다. 하지만 성경은 '너희' 안에 이 마음을 품으라고 말하고 있습니다. '너희'란 예수님을 믿는 모든 사람, 하나님의 자녀 된 권세를 가진 모든 사람을 가리키는 것입니다. 여기에는 예외가 없습니다. 우리 모두는 섬김을 위해 부르심을 입은 사람들입니다. 그리스도 예수의 마음을 품고 예수님이 하셨던 것처럼 섬김을 실천해야 합니다. 그리고 예수님을 닮은 섬김의 삶을 시작하는 첫 걸음은 바로 '지금 당장 시작하는 것'입니다.

  예수님께서 여리고 성으로 들어갈 때에 길가에 앉아있던 소경 두 사람이 예수님을 향해 크게 소리 질렀습니다.
  "다윗의 자손 예수여, 우리를 불쌍히 여기소서!"
  예수와 함께 가던 사람들은 그들에게 잠잠히 하라며 크게 꾸짖었습니다. 예수님은 복음을 전하기 위해 여리고 성에 가는 길이었기 때문입니다. 어서 빨리 가서 예수님의 말씀을 듣고 많은 사람들에게 복음을 전해야 하는데 그걸 소경들이 길을 막고 지연시키고 있다고 생각했던 겁니다. 그래서 아마도 조용히 하라며 비키라고 꾸짖었을 것입니다. 하지만 소경들은 멈추지 않고 다시 크게 외쳤습니다.

"다윗의 자손 예수여, 우리를 불쌍히 여기소서!"

소경들의 외침에 예수님은 어떻게 하셨을까요?

> 예수께서 머물러 서서 그들을 불러 이르시되 너희에게 무엇을 하여 주기를 원하느냐 이르되 주여 우리의 눈 뜨기를 원하나이다 예수께서 불쌍히 여기사 그들의 눈을 만지시니 곧 보게 되어 그들이 예수를 따르니라 ° 마 20:32-34

예수님께서는 그 자리에 멈추셨습니다. 머물러 서서 소경들의 눈을 만지시고 그들을 고쳐주셨습니다. 그랬더니 어떻게 되었습니까? 눈을 뜬 그들은 예수님을 따라 함께 갔습니다. 예수님의 섬김으로 인하여 하나님의 복음이 전해진 것입니다. 섬김에는 하나님이 우리에게 맡긴 일을 중요하게 여길 수 있는 마음이 필요합니다. 예수님은 소경을 만나기 전, 주님이 이 땅에 오신 사명을 말씀하셨습니다.

> 인자가 온 것은 섬김을 받으려 함이 아니라 도리어 섬기려 하고 자

기 목숨을 많은 사람의 대속물로 주려 함이니라 °마 20:28

예수님은 말씀으로만 끝내지 않고, 예수님의 사명을 바로 실천하셨습니다. 미루지 않고 도움을 필요로 하는 그 순간, 그 자리에 멈춰 서서 그들을 섬기신 것입니다. 만약 예수님이 그 소경들을 뒤로 미루고 지나갔다면 어떻게 됐을까요? 상상일 뿐이지만 소경들은 눈을 뜨지 못하고 예수님의 무리를 따르지 못했을 것입니다. 그럼 예수님이 전해주시는 복음을 들을 수도 없지 않았을까요? 예수님의 섬김이 하나님의 구원을 전하는 복음의 확실한 증거가 된 것입니다.

우리가 하는 작은 섬김이 어떠한 결과를 가져올지는 아무도 모릅니다. 그래서 무슨 일이든 어떤 상황이든 미루지 말고 '지금 당장' 시작하라는 것입니다. 주님께서 길을 가다가 소경들을 고치는 섬김을 즉시 행하셨던 것처럼 우리도 순간을 놓치지 않고 섬김의 도를 행해야 합니다. 만약 그 순간을 놓친다면 하나님께 불순종하는 것 일수도 있습니다. 위대한 사람을 놓치거나 엄청난 기회를 상실하는 것 일수도 있다는 겁니다.

영국의 종교개혁자이자 신학자인 존 웨슬리(John Wesley, 1703-1791) 목사님의 인생 좌우명에 대해 알고 계십니까?

"내가 할 수 있는 모든 방법으로, 내가 할 수 있는 모든 곳에서,

내가 할 수 있는 때는 언제나 하나님의 영광을 위하여"

우리가 누군가를 섬긴다는 미루는 것이 아니라 말씀을 듣고 '지금 당장' 행하는 믿음입니다. 생각 속에서만 입술 속에서만 맴돈다면 그것은 실제가 될 수 없습니다. 말씀을 듣고 지키며 행하는 자에게 복이 있습니다. 행함이 없는 믿음은 죽은 믿음입니다.

눈을 뜨게 된 소경들의 이야기를 통해 우리가 기억해야 할 것은 또 있습니다. 예수님처럼 섬긴다는 것은 섬김을 통해 다른 사람을 구원할 수 있다는 것입니다. 믿음이 약하거나 없는 사람들은 예수님을 믿는 사람들을 통해서 예수님을 봅니다. 우리가 하는 말과 행동, 보여주는 마음가짐을 통해 하나님에 대해 알게 된다는 것입니다. 우리가 사랑하면 주님의 사랑을 느끼고, 우리가 긍휼히 여기면 주님의 긍휼을 느낍니다. 사람을 살리고자 한다면, 변화시키고자 한다면 섬겨야 합니다.

> 너희 중에는 그렇지 않을지니 너희 중에 누구든지 크고자 하는 자는 너희를 섬기는 자가 되고 너희 중에 누구든지 으뜸이 되고자 하는 자는 모든 사람의 종이 되어야 하리라 °막 10:43-44

우리는 종종 섬기는 사람은 낮은 사람이고, 섬김을 받는 사람은 높은 사람이라고 생각합니다. 하지만 성경은 그렇게 말하지 않습니다. 크고자 하는 자는 낮은 곳에서 섬기는 자가 되어야 합니다. 예수님의 섬김을 다시 한 번 생각해보십시오. 유월절에 제자들과 함께 유월절 만찬을 나누시던 예수님께서 갑자기 자리에서 일어나더니 물을 떠와 제자들의 발을 씻기셨습니다. 제자들도 예수님처럼 하게 하시려 본을 보이신 것입니다.

> 우리가 선을 행하되 낙심하지 말지니 포기하지 아니하면 때가 이르매 거두리라 °갈 6:9

마지막으로 예수님처럼 섬기는 삶이란 바로 예수님처럼 포기하지 않는 것입니다. 낙심하지 않고 포기하지 않으면 그 열매를 거둘 시기가 분명히 옵니다. 물론 그 때가 언제일지는 알 수 없습니다. 그 시기는 사람이 정하는 것이 아닌 하나님께서 정하는 것이기 때문입니다.

하지만 미리 낙심하며 조급해할 필요 없습니다. 우리는 하나님의 충성된 청지기입니다. 청지기가 무엇입니까? 주인이 맡긴 것들을 주인의 뜻대로 관리하는 사람입니다. 청지기는 나의 불리함, 유리함을 따지지 않고 나의 이득을 따지지 않습니다. 오직 주인의 명령에 충성할 뿐입니다.

충성한다는 말은 곧 포기하지 않는다는 말과 같습니다. 포기하지 않는 섬김의 자세. 이것 또한 예수님께서 먼저 본을 보이신 것입니다. 예수님은 예수님의 주인이신 아버지 하나님의 명령을 받들어 인간의 모습으로 이 땅에 오셨습니다. 복음을 전하시는 동안 가해진 예수님을 믿지 않는 자들의 무수한 탄압에도 예수님은 결코 포기하지 않으셨습니다. 모두가 죄인이라 말하는 세리, 창녀와 같은 자들과 함께 식사하고 얘기하는 것도 온갖 비난에도 불구하고 포기하지 않으셨습니다. 포기하지 않고 복음을 전하며 사람들을 구원하셨습니다. 예수님의 마지막 섬김은 십자가를 향해 가는 것이었습니다. 자신을 낮추고 죽기까지 복종하신 것입니다.

하나님께서 우리를 우리의 가정으로, 직장으로, 다양한 삶의 현장으로 보내신 것은 그 안에서 복음의 영향력을 펼쳐서 그들을 섬기며 주님 앞으로 인도하기 위해서입니다. 사람을 섬기는 것이 곧 하나님을 섬기는 것임을 잊지 말아야 합니다.

포기하지 않고 하나님께서 정하신 때에 우리가 있던 그 자리에서 거룩한 열매가 맺어지는 것을 볼 수 있길 소망합니다. 하나님은 오늘도 우리를 바라보고 계십니다. 이미 섬긴 것과 지금 세상을 섬기는 것, 그리고 앞으로 또 섬기게 될 모든 것까지 하나님은 다 보고 계십니다. 이제는 우리 안에 충만한 은혜를 삶으로 보이는 것에 도전해야 합니다. 우리에게 허락된 앞으로 가게 될 삶의 현장 속에서 말입니다. 어느 곳에서나 누구에게나, 예수님처럼 섬길 수 있는 우리가 되어야 합니다.

   기억하십시오. 우리는 다른 사람을 섬김으로써 하나님을 섬기도록 지음 받은 존재입니다.

#4. 주님의 메시지, 세상으로 나가다

너희는 우리로 말미암아 나타난 그리스도의 편지니

이는 먹으로 쓴 것이 아니요

오직 살아 계신 하나님의 영으로 쓴 것이며

또 돌판에 쓴 것이 아니요 오직 육의 마음판에 쓴 것이라

˚고후 3:3

세 가지 선물

하나님께서 이 땅에 예수 그리스도를 보내신 이유는 무엇일까요? 우리는 스스로 늘 질문합니다. 하나 뿐인 아들을 이 땅에 보내신 하나님의 큰 뜻은 과연 무엇일까? 그리고 하나님이 가장 기뻐하시는 일은 또 무엇일까?

하나님이 가장 기뻐하시는 일! 그것은 다름 아닌 '세상을 구원하고, 모든 사람을 구원하는 것'입니다. 구원이라는 단어가 어렵게 느껴지고 마음에 와 닿지 않을 수도 있습니다. 하지만 보기에만 그런 것일 뿐 구원의 뜻은 어렵지 않습니다. 구원은 어려움에 빠진 사람을 구해주는 것입니다.

그렇다면 하나님이 우리를 구원하길 원하신다는 것은 무슨 뜻일까요? 바로 하나님께서 어려움에 빠진 우리를 구해주신다는 것입니다. 우리가 빠진 어려움이란 우리의 원죄로 인해 지옥으로 떨어져서 영원히 고통 받을 수밖에 없는 것을 말합니다. 하나님의 가장 큰 뜻이자 큰 기쁨은 죄에서 헤어나올 수 없는 어려움에 빠진 우리를 구해주시는 것입니다. 그것이 예수 그리스도를 이 땅에 보내신 하나님의 목적입니다.

> 하나님은 모든 사람이 구원을 받으며 진리를 아는 데에 이르기를 원하시느니라 °딤전 2:4

성경은 하나님께서 우리를 죽음으로부터 구하는 것뿐만 아니라 모든 사람이 진리를 알기 원하신다고 말하고 있습니다. 진리가 무엇입니까. 진리는 곧 예수 그리스도입니다. 예수 그리스도는 곧 길이고 진리고 생명이라 하였습니다.

> 예수께서 이르시되 내가 곧 길이요 진리요 생명이니 나로 말미암지 않고는 아버지께로 올 자가 없느니라 °요 14:6

결국 하나님의 가장 큰 소원과 목적은 모든 사람을 사망의 길로부터 구해내는 것입니다. 하나님의 소원을 이루기 위해서는 그리스도인들이 복된 생명의 소식을 세상 사람들에게 전해야 합니다. 그것이 전도입니다.

'전도'는 풀어 말하면 '길을 전달한다'라는 뜻입니다. 어떤 길을 전해야 하는 것일까요? 바로 생명의 길, 예수께로 나오는 길, 구원의 길입니다. 그럼 이렇게 되묻는 사람이 있을 것입니다. 생명의 길은 무엇이고, 구원의 길은 또 무엇이냐고 말입니다. 어렵게 생각할 필요 없습니다. 예수님께서 말씀하지 않으셨습니까? 예수님이 곧 길이고 진리이며, 생명이라고 말입니다. 그 말은 예수님께서 목적이요, 소망이요, 희망이요, 사명이요, 방법이요, 방향이다 라는 뜻입니다. 인생의 모든 답이 바로 예수님께만 있다는 사실입니다. 그런데 여전히 사람들은 인생의 방향과 답을 찾지 못한 채 방황하고 있습니다. 그들에게 참 진리의 길을 전하는 것이 바로 '전도'입니다. 이렇듯 전도는 '길'을 전하는 것, 곧 예수 그리스도를 전하는 일입니다.

전도의 가장 강력한 도구는 우리가 예수님을 믿는 사람으로 사는 것입니다. 예수 그리스도를 전하는 일은 우리가 보여주는 삶의 태도에 달려 있습니다. 예수를 믿는 사람은 말과 행동, 머릿속의 생각에서 예수를 온전히 다 드러내야 합니다. 세상은 우리의 삶을 통해 우리가 믿는 예수님이 어떤 분이신지 알게 됩니다. 우리를 통해 예수 그리스도가 전해지게 됩니다.

예수님이 십자가에 달리신 후 부활하여 승천하시기 전, 예수님께선 제자들에게 복음을 전할 것을 명령하셨습니다. 그리고 제자들이 예수님의 사명을 잘 감당할 수 있도록 세 가지 선물을 주고 가셨습니다.

첫 번째는 복된 소식, '복음'입니다. 예수님이 우리에게 주신 복된 소식이란 무엇일까요. 바로 예수님이 우리의 죄를 대신해서 고난을 받으시고 십자가에 달리셨다는 것입니다.

> 또 이르시되 이같이 그리스도가 고난을 받고 제삼일에 죽은 자 가운데서 살아날 것과 °눅 24:46

성경은 복음이 무엇인지 정확히 말해주고 있습니다. 그리스도가 고난을 받으신 사건, 즉 십자가에서 죽으심으로 우리가 죄 사함을 받았다는 것입니다. 예수님께서 제 삼일에 죽은 자 가운데서 부활하심과 같이 우리 또한 죄와 사망 가운데에서 거듭나 새 사람으로 다시 태어났습니다. 예수 그리스도의 십자가의 은혜로 하나님의 자녀가 된 것입니다.

> 또 그의 이름으로 죄 사함을 받게 하는 회개가 예루살렘에서 시작하여 모든 족속에게 전파될 것이 기록되었으니 °눅 24:47

누구든지 예수 그리스도가 나를 위해 십자가에 죽으셨다는 사실을 믿고 예수님 앞에 모든 죄를 고백하고 회개한다면, 예수님을 나의 구주로 내 마음에 모신다면 구원받을 수 있습니다.

그런데 세상 사람들에게 "당신을 위해 예수님이 죽었습니다"라고 말하면 이런 반응이 올 때가 있습니다.

"그게 나와 무슨 상관이 있습니까?"

사람들이 이런 반응을 보이는 이유는 눈에 보이는 것만 믿고 있기 때문입니다. 이 시대에는 지금 눈앞에서 볼 수 있는 것만 진실이라고 믿는 분위기가 널리 퍼져 있습니다. 그렇기 때문에 예수님이 십자가에 달려 죽었다 라는 눈에 보이는 사실만을 볼 뿐 그 사건이 가지는 영적인 의미에 대해서는 알지도 못하고 느끼지도 못합니다. 당장 먹고 사는 일과도 관련이 없어 보이니 더욱 무관심하고 냉담하게 복음을 지나쳐 버립니다.

우리는 눈은 뜨고 있지만 진짜 봐야 할 것을 보지 못하는 사람들에게 다가가 그들의 영적인 눈을 뜨게 해야 합니다. 눈에 보이지 않는 것까지 믿는 영적인 눈 말입니다. 믿지 않는 사람들 뿐만 아니라 교회 안에도 영적인 눈이 닫혀 있는 사람은 많이 있습니다. 영적인 눈이란 교회를 다니는 것, 다니지 않는 것에 따라 달라지는 것이 아닙니다. 보이지 않는 것을 믿는 믿음을 구하는 것은 예수님을 믿고 주일마다 열심히 예배를 드리는 사람들도 끊임없이 하나님께 기도하며 구해야 하는 것입니다.

우리는 연약한 사람입니다. 보이는 것에 현혹되기 쉬우며 당장의 배부름만을 추구하곤 합니다. 그렇기 때문에 영적인 눈이 닫힌 사람들에게 다가가기 위해, 우리 자신의 영적인 눈을 뜨기 위해 하나님께 기도해야 합니다. 사람은 눈에 보이는 것만 믿지만 하나님은 지금부터 영원까지 보시는 분이심을 잊어선 안 됩니다. 눈먼 자를 눈뜨게 하실 주님의 능력을 믿으며 예수님이 우리에게 주신 복음의 선물을 들고 나아가야 합니다.

> 너희는 이 모든 일의 증인이라 °눅 24:48

주님께서 우리에게 주신 두 번째 선물은 바로 '부르심'입니다. 하나님은 이 일에 우리를 증인으로 부르셨습니다. 증인이라는 말이 거창하다고 하며 부담스러워할 필요는 없습니다. 우리를 부르신 그 자리에 하나님도 함께 하시기 때문입니다.

> 내가 이르되 슬프도소이다 주 여호와여 보소서 나는 아이라 말할 줄을 알지 못하나이다 하니 여호와께서 내게 이르시되 너는 아이라 말하지 말고 내가 너를 누구에게 보내든지 너는 가며 내가 네게 무엇을 명령하든지 너는 말할지니라 너는 그들 때문에 두려워하지 말

> 라 내가 너와 함께 하여 너를 구원하리라 나 여호와의 말이니라 하시고 여호와께서 그의 손을 내밀어 내 입에 대시며 여호와께서 내게 이르시되 보라 내가 내 말을 네 입에 두었노라 °렘 1:6-9

하나님께서 예레미야를 택하여 부르셨을 때 예레미야는 나는 아이라 말을 하지 못한다며 두려워하였습니다. 그때 하나님이 뭐라고 하셨을까요.

"내가 너와 함께 한다. 네 입에 말씀을 줄 것이다."

하나님은 두려워하는 그의 입에 손을 대어 강력한 힘을 주십니다. 자신의 부족함만을 말하는 예레미야에게 너는 그러할지 몰라도 내가 너와 함께 하니 괜찮다고 말씀해주신 것입니다.

하나님의 부르심이 우리에게 주신 선물인 이유가 바로 여기에 있습니다. 우리는 겸손함으로 함께 하시는 주님을 인정하기만 하면 됩니다. 내가 본 대로, 믿는 대로 그리고 경험한 대로 말하고 삶으로 보여준다면 하나님께서 일하실 것입니다.

하나님을 알지 못하는 세상 사람들의 눈으로 우리를 보면 부족한 사람으로 보일 수도 있습니다. 하지만 우리는 하나님의 능력을 입은 사람들입니다. 감당할 수 있는 능력, 환경과 건강, 심지어 풍족한 물질까지도 하나님께서 주시는 것입니다. 우리는 하나님의 역사하심과 은혜를 온전히 누리며 그것을 드러내며 살아가면 됩니다. 힘껏 애쓰지 않아도 사람들은 그들과 우리가 다르다는 것을 알게 될 것입니다. "너는 나와 다르다." 이 말을 듣게 되는 삶. 그것이 예수를 믿는 자의 삶인 부르심의 삶입니다.

마지막 세 번째로 주신 주님의 선물은 '성령'입니다.

> 볼지어다 내가 내 아버지께서 약속하신 것을 너희에게 보내리니 너희는 위로부터 능력으로 입혀질 때까지 이 성에 머물라 하시니라
> ° 눅 24:44-49

위로부터 오는 능력, 이것이 바로 성령입니다. 예수님이 승천하신 후 성령 충만을 받은 제자들의 삶 속에 일어난 가장 큰 변화는 바로 담대함입니다. 제자들은 예수님을 십자가에 못 박아 죽이라고 외쳤던 군중들 앞에서 담대하게 예수님을 전하였습니다. 예수를 믿는 자가 다 구원함을 받을 것이요, 너희도 회개하여 성령의 충만함을 받으라는 그 담대한 외침에 듣던 자들이 죄를 자복하며 회개하여 변화되었습니다. 두려움을 극복하고 성령의 힘으로 말씀을 전하는 그 자리에 큰 기쁨이 임한 것입니다. 이것이 제자들의 힘과 능력으로 이루어진 일일까요? 그렇지 않습니다. 하나님께

서, 성령님이 하신 일입니다.

빌리 그레이엄(Billy Graham, 1918-)이라는 목사님이 있습니다. 70여 년 동안 많은 사람에게 직접적으로 복음의 메시지를 선포한 금세기 최고의 복음 전도자로 불립니다. 〈타임〉지가 선정한 21세기 최고의 인물 20명 가운데 한 사람으로 선정되기도 했으며, 미국은 물론 세계의 여러 정치 지도자들의 영적 지도자로도 알려져 있는 분입니다.

빌리 그레이엄 목사님이 하버드 대학에서 초청 강연을 했을 때, 목사님은 자신의 전도 사역에 대한 간증을 하며 이런 말을 전했습니다. 과거에는 복음을 전할 때 전력으로 정성을 다하면 된다고 생각했는데, 새로이 거듭난 후 깨달은 것이 있다고 말입니다. 바로 자신의 힘을 완전히 빼버리고 전도해야 한다는 것입니다. 목사님은 자신이 하나님께 사용되는 도구에 지나지 않으며 모든 것은 성령님이 하시기 때문에 이제는 성령이 일하시도록 자신의 힘을 완전히 빼고 전도 사역을 한다고 고백했습니다.

우리는 하나님의 도구입니다. 내가 힘을 빼지 않으면 하나님이 나를 쓰시는 데 얼마나 많은 힘이 들겠습니까? 우리를 무겁게 하고 마음 속 성령의 자리를 좁게 만드는 생각은 과감히 버려야 합니다. 성령은 이미 우리에게 와 계십니다. 우리가 정말 해야 할 것은 나의 힘을 빼고, 나의 판단을 버리고, 성령의 역사하심을 바라며 기도하는 것입니다.

함께 방주로 들어가자

"크리스찬은 모든 사람들에게 특별히 무엇보다도 자신의 가족에게 그가 그리스도인임을 알도록 살아야 한다."

이 말은 미국 시카고에서 19세기 최고의 복음전도사로 활약했던 D. L. 무디(Dwight Lyman Moody, 1837-1899)가 남긴 말입니다. 시카고에 이 사람의 이름을 딴 박물관이 있을 정도로 큰 영향력을 끼친 인물입니다. 무디는 많은 사람들에게 복음을 전파했습니다. 그가 남긴 이 말은 가정 안에서의 그리스도인에 대해 강조하고 있습니다. 그리스도인이 가정 안에서도 그리스도인으로 사는 것은 당연한 일이지만, 이렇게 특별히 강조를 한 것은 그만큼 어려운 일이기도 하다는 것을 의미합니다.

예수님께서 귀신 들린 청년의 몸에서 귀신의 무리를 쫓아내어 그를 구원해주셨을 때, 청년은 예수님께 감사하며 예수님의 뒤를 따라가겠다고 했습니다. 하지만 예수님은 그 청년에게 집으로 돌아가라고 말씀하셨습니다. 돌아가서 가족과 이웃들에게 예수님께서 하신 일과 하나님께서 그에게 어떻게 역사하셨는지에 대해 하나도 빠짐없이 알게 하라고 하신 것입니다. 예수님도 멀리 있는 사람들을 만나기 전에 가정으로 돌아가 그들에게 먼저 은혜의 영향력을 뻗쳐야 함을 강조하신 겁니다.

누구나 주님의 십자가는 잘 바라보며 기도합니다. 하지만 십자가로 부어주시는 하나님의 은혜는 단지 바라보는 것에서 그치는 것이 아니라 십자가를 통과하여 우리의 삶의 터전으로 퍼져 가야 합니다. 하나님이 우리를 구원하신 목적은 개인의 구원에만 그치지 않습니다. 하나님은 은혜가 우리 안에만 고여 있는 것이 아니라 흘러가기를 원하십니다.

예수님의 십자가 은혜의 흐름이 내 안에 고이도록 벽을 세워선 안 됩니다. 십자가는 은혜를 흘려보내며 사람들에게 다가갈 수 있는 다리가 되어야 합니다. 하나님의 뜻은 부어주신 은혜를 잘 받았습니다 하고 끝내는 것이 아닙니다. 그 은혜를 다른 이와 함께 누리며 퍼뜨릴 수 있는 자리까지 나아가는 것이 우리를 향하신 하나님의 뜻입니다. 그 십자가의 다리가 이어줄 첫 번째 곳은 바로 가장 가까운 사람들, 가족입니다. 그들을 전도하기 위해서는 먼저 가정을 향한 하나님의 구원의 계획이 있다는 것을 믿어야 합니다.

> 내가 홍수를 땅에 일으켜 무릇 생명의 기운이 있는 모든 육체를 천하에서 멸절하리니 땅에 있는 것들이 다 죽으리라 그러나 너와는 내가 내 언약을 세우리니 너는 네 아들들과 네 아내와 네 며느리들과 함께 그 방주로 들어가고 °창 6:17-18

태초에 하나님께서 온 세상과 인간을 지으신 후, 땅 위의 사람들이 하나님 앞에 부패하여 포악함이 온 땅에 가득해졌습니다. 그러자 하나님은 노아에게 부패한 인간들을 땅과 함께 멸하겠다 말씀하시며 노아에게 거대한 방주를 만들게 하셨습니다. 노아와 그의 가족을 구원하고 혈육 있는 모든 생물을 암수 한 쌍씩 방주에 태워 생명을 보존하게 하려 하신 것입니다.

> 그러나 노아는 여호와께 은혜를 입었더라 이것이 노아의 족보니라 노아는 의인이요 당대에 완전한 자라 그는 하나님과 동행하였으며 °창 6:8-9

노아는 하나님의 택하심을 받은 자였습니다. 성경에 보면 그는 하나님과 동행하였다고 하였습니다. 사람의 죄악이 세상에 가득해진 타락한 세상 속에서도 노아는 하나님께 기도하며 그의 음성을 듣고 행하는 의로운 사람이었습니다. 그렇기 때문에 하나님은 노아를 택하시고 그를 구원하겠다 말씀하신 것입니다.

그런데 하나님이 노아에게 만들게 하신 방주는 그 규모가 어마어마한 것이었습니다. 거대한 축구장보다 더 크고 전철 한 량보다도 더 긴 엄청난 크기의 방주였습니다. 배라고는 본적도 없는 노아가 집 짓는 것과는 비교도 되지 않는 방주 짓는 일을 쉽게 받아들일 수 있었을까요? 게다가 노아에게는 대홍수를 볼 기회도 없었을 것입니다. 집과 사람들을 쓸어버릴 정도로 엄청난 비가 쏟아지거나 강이 범람해 홍수가 나는 것을 본 적도 없으니 세상을 덮을 대홍수는 상상조차 힘들었을 것입니다.

> 노아가 그와 같이 하여 하나님이 자기에게 명하신 대로 다 준행하였더라 ˚창 6:22

> 믿음으로 노아는 아직 보이지 않는 일에 경고하심을 받아 경외함으로 방주를 준비하여 그 집을 구원하였으니 이로 말미암아 세상을 정죄하고 믿음을 따르는 의의 상속자가 되었느니라 ˚히 11:7

노아는 순종했습니다. 방주를 만들어 온 가족이 방주에 들어가 구원을 받으라는 하나님의 약속의 말씀을 믿고, 그때부터 방주를 만들기 시작했습니다. 그와 온 가족이 방주로 들어가기 위한 구원의 프로젝트를 실행하기 시작한 것입니다. 노아는 하나님의 구원 계획을 일말의 의심 없이 믿었습니다.

태초에 방주를 통하여 노아의 가족을 구원하기로 작정하셨던 하나님은 지금도 구원의 계획을 가지고 계십니다. 바로 예수 그리스도를 통하여 누구든지 그를 믿는 자마다 구원을 얻으리라고 하신 말씀을 이루길 원하시는 것입니다. 모든 사람들을 향한 구원의 계획 안엔 우리 가족도 포함되어 있습니다. 노아가 하나님의 계획을 믿었듯이, 우리는 이 시대의 방주이신 예수 그리스도를 우리의 가정 안에 구원 계획의 선물로 주셨음을 믿어야 합니다.

하나님의 구원 계획을 확실히 믿는다면 다음으로 해야 할 일은 그 계획을 전하는 것입니다.

> 옛 세상을 용서하지 아니하시고 오직 의를 전파하는 노아와 그 일곱 식구를 보존하시고 경건하지 아니한 자들의 세상에 홍수를 내리셨으며 °벧후 2:5

성경에서는 노아를 향해 '오직 의를 전파하는 자'라고 말하고 있습니다. 창세기에서도 그를 의인이며 당대에 완전한 자였다 말합니다. 평소에도 하나님의 의를 드러냈을 뿐 아니라 '전파하는 자', 즉 하나님의 말씀과 은혜를 사람들에게 '전하는' 자였다는 것입니다. 노아는 온 인류를 홍수로 깨끗하게 씻어 버리기로 작정하신 하나님의 계획도 사람들에게 전했을 것입니다. 아니면 사람들이 먼저 노아에게 대체 무엇을 만들고 있냐고 물어봤을 수도 있습니다. 노아가 짓는 거대한 방주가 사람들의 눈에 띄지 않았을 리 없으니까요.

의로운 노아는 구원의 방주에 한 사람이라도 더 태우고 싶었을 것입니다. 하지만 사람들은 노아의 이야기를 듣지 않았고 결국 노아와 그의 가족을 제외한 모든 사람이 대홍수에 휩쓸리고 죽고 말았습니다. 노아는 하나님의 구원의 계획을 확실히 믿었기에 계속 방주를 지었고 그것을 사람들에게 전했습니다. 죄의 결과는 사망이라는 것과 그리스도 예수의 영원한 생명이 하나님의 구원임을 믿는다면, 당연히 우리는 그 선물을 증거하며 전해야 합니다.

출애굽기 12장엔 유월절 어린양의 피에 대한 말씀이 나옵니다. 모세가 이스라엘 백성을 이끌고 애굽을 빠져나오려고 할 때, 애굽 왕 바로는 그들을 놓아주려 하지 않았습니다. 그래서 하나님께선 애굽에 재앙을 내리셨습니다. 하나님의 열 가지 재앙 중에 마지막 열 번째 재앙은 장자의 죽음이었습니다. 이때 하나님은 이스라엘 백성들에게 각 가정마다 문설주에 어린 양의 피를 뿌리면 죽음을 피할 수 있을 것이라고 말씀하셨습니다. 모세는 하나님의 말씀을 이스라엘 백성들에게 전했고, 말씀에 따라 문설주에 어린 양의 피를 바른 이스라엘 민족은 장자의 죽음을 피할 수 있었습니다.

죽음을 피하게 한 어린 양의 피는 곧 예수 그리스도를 의미합니다. 예수 그리스도의 보배로운 피가 죽음을 이기고 생명을 주는 것입니다.

> 모세가 이스라엘 모든 장로를 불러서 그들에게 이르되 너희는 나가서 너희의 가족대로 어린 양을 택하여 유월절 양으로 잡고 °출 12:21

모세는 '가족의 수'대로 어린 양을 택해 유월절 양으로 잡으라고 말하였습니다. 집집마다 문설주에 어린 양의 피를 뿌린다고 되는 것이 아니었습니다. 가족의 수대로 어린 양을 잡아야 한다는 것은 한 사람이 다른 한 사람을 대신할 수 없다는 것입니다. 어머니가 예수를 믿는다고 그 자식이 구원받는 것이 아니고, 남편이 예수를 믿는다고 그의 아내가 구원받는 것이 아니라는 말입니다. 본인이 직접 예수님을 믿고 고백해야 합니다. 내 입으로 예수를 구주로 시인해야 하는 것입니다.

가족에게 복음을 전하는 일은 순교적인 인내를 필요로 합니다. 인내심을 가지고 가정 안에서 내가 그리스도인임을 내 부모님과 내 형제가 알게 해야 합니다.

노아는 방주를 백이십 년 동안 만들었습니다. 방주를 만드는 노아를 보고 사람들은 쓸데없는 짓을 한다며 손가락질했을 것입니다. 그의 가족들도 그런 노아를 보며 이해하기 어려웠을지도 모릅니다. 하지만 노아는 하나님과 구원의 계획에 믿음을 가지고 순교적인 인내로 방주를 만들었습니다. 마침내 하나님의 심판의 날이 다가와 하늘이 열리고 엄청난 양의 비가 땅 위로 쏟아지기 시작했을 때, 방주에 오른 노아의 가족들의 마음이 어땠을까요. 때로는 실망하고 낙심하며 노아를 의심하기도 했겠지만 그의 말이 옳았음을, 이 방주가 진짜 하나님의 구원이었음을 믿게 되었을 것입니다. 중간에 노아가 포기하거나 하나님을 의심하며 순종과 믿음의 생활을 포기했더라면 구원의 역사는 이뤄질 수 없었을 것입니다.

전도는 말이 아니라 삶이고 태도입니다. 우리가 전도하는 사람들 중 가장 전도하기 어려운 사람이 가족인 것은 누구보다 우리를 잘 알고, 자주 보며 많은 것을 알고 있기 때문일지도 모릅니다. 가족들 앞에서 그리스도인답지 않은 말과 행동을 했던 찰나의 순간까지도 그들은 다 기억하기 때문입니다. 그렇기 때문에 내가 잘못했던 것과 그리스도인답지 못했던 것에 대해 용서를 구하는 것부터 시작해야 합니다.

  믿음의 사람은 하나님 앞에 기도로 나아갈 때 무릎을 꿇습니다. 주를 믿는 것은 나 자신부터 깨어지고 변화하여 거듭나기를 간구함으로 시작되는 것입니다. 믿음은 행함이라 하였습니다. 삶 속의 믿음과 행함! 하나님의 복음을 전하는 것 또한 행함이 있는 믿음이며 그것이 곧 전도임을 기억해야 합니다. 기도하며 무릎 꿇음으로 나아갔을 때 예수 그리스도라는 구원의 방주에 나와 내 가족이 함께 할 수 있을 것입니다.

흘려 보내라

하나님은 우리에게 복음 안에서 자유하고 충만하도록 은혜를 허락해 주셨습니다. 그리고 그 은혜를 누리는 것에만 멈추지 말고 섬김과 나눔을 통해 우리의 가족과 이웃 그리고 민족과 열방, 세계 구석구석까지 잘 흘려보내라고 말씀하고 계십니다. 하나님이 우리에게 은혜를 부어주시는 궁극적인 목적은 섬김과 흘려보냄에 있습니다.

> 나를 사랑하고 내 계명을 지키는 자에게는 천 대까지 은혜를 베푸느니라 °출 20:6

천 대까지 은혜를 베푸신다는 것은 하나님의 은혜가 하나님을 사랑하고 계명을 잘 지키는 자에게만 머무르지 않게 하신다는 것입니다. 대대손손 맥을 이어 계속 후대까지 하나님의 은혜가 흘러가는 것입니다. 믿음의 조상 아브라함의 섬김은 하나님을 기쁘게 했고, 그 섬김 덕분에 아브라함의 아들인 이삭에게 하나님의 은혜가 흘러갔습니다. 이삭 역시 아버지 아브라함처럼 하나님이 기뻐하시는 믿음을 가지고 있었습니다. 이삭의 신앙은 그의 아들 야곱에게 대를 이어 흘러갔고 하나님의 은혜 또한 함께 했습니다. 아브라함에게 임하였던 은혜가 이삭에게로, 그리고 다시 야곱에게로 흘러간 것입니다. 야곱 이후로도 그의 후대에 하나님의 은혜는 늘 함께 했습니다. 성경을 보십시오. 하나님을 소개할 때 아브라함의 하나님, 이삭의 하나님, 야곱의 하나님이라고 표현합니다. 하나님의 축복이 아버지에서 아들로, 대를 이어 계속 흘러갔음을 보여주는 것입니다.

하나님의 은혜를 받은 한 사람! 그 한 사람이 중요합니다. 한 사람의 불순종이 막힘없이 흘러가야 할 구원과 은혜를 막아버릴 수도 있고, 한 사람으로 인해 다른 모든 사람들과 그 후대가 영원히 축복받을 수도 있습니다.

에덴 동산에서 하나님의 명령을 어기고 선악과를 먹은 아담과

하와의 불순종으로 인해 인간은 죄와 사망의 권세를 지게 됐습니다. 반대로 예수님 한 분으로 인해 우리에겐 구원이라는 하나님의 은혜가 내렸습니다. 예수님 이후 모든 사람들에게 예수님의 구원의 영향력이 흐르고 흘러 주님을 믿는 자는 누구든지 구원을 받게 된 것입니다. 그 은혜는 지금 우리에게까지 흘러왔습니다. 흘려보내는 것, 영어로는 Flowing입니다. Flowing의 뜻이 무엇인지 아십니까? '흐르는, 물 흐르는 듯한, 거침없이 이어지는'이란 뜻입니다. 그리고 '넘치도록 많은, 풍부한'이란 뜻도 가지고 있습니다.

그렇다면 우리에게 임한 은혜와 우리의 신앙은 이제 누구에게로 흘러가야 할까요? 먼저 가장 가까운 곳부터 흘러가야 합니다. 사랑하는 가족들, 그리고 오가며 만나는 이웃들이 그 흘러감의 시작입니다. 매일 아침 눈을 뜨는 순간부터, 집 밖으로 나가서 주신 자리로 가는 첫걸음부터, 우리로부터 은혜의 강물이 넘쳐흐르기 시작함을 잊지 말아야 합니다.

은혜의 흐름을 이어가는 것 못지않게 중요한 것은 '무엇을' 흘려보내고 있느냐 하는 것입니다. 우리가 흘려 보낸 것이 무엇인지에 따라 우리 인생의 열매들이 달라질 수 있습니다.

지금 이 순간, 무엇을 흘려보내고 있습니까? 어떤 영향력을 끼치고 있습니까?

> 또 어떤 사람이 타국에 갈 때 그 종들을 불러 자기 소유를 맡김과 같으니 각각 그 재능대로 한 사람에게는 금 다섯 달란트를, 한 사람에게는 두 달란트를, 한 사람에게는 한 달란트를 주고 떠났더니
> °마 25:14-18

세 명의 종이 타국으로 멀리 떠나는 주인으로부터 각각 달란트를 받았습니다. 주인은 종들이 그것을 알아서 써보도록 했습니다. 성경에 나와 있진 않지만, 당시로선 꽤 큰돈을 준 것이었기에 아마도 주인은 종들에게 준 달란트가 가치 있고 유익하게 쓰이길 바랐을 것입니다.

비유 속 주인이 종들에게 한 것처럼 하나님도 우리에게 달란트를 주셨습니다. 성경 속 비유에 나오는 달란트는 당시에는 화폐의 단위였지만, 오늘날에는 재능, 소질, 역량이라는 뜻으로 쓰입니다. 하나님은 우리 모두에게 달란트를 주셨습니다. 누군가는 재능을 받았고, 물질 혹은 건강을 달란트로 받은 사람도 있습니다. 우리가 가지고 있는 능력과 재능 등 은사라고 부르는 모든 것은 다 하나님이 주신 것입니다. 주인이 종들에게 '자기 소유'를 맡겼듯이 하나님도 자신의 것을 우리에게 주셨습니다. 우리의 달란트는 모두 하나님의 것이며 동시에 하나님이 우리에게 맡겨 주신 것입니다.

우리의 소유가 아닙니다. 우리에게는 원주인이 계시다는 겁니다.

그런데 이 사실을 잊는 순간 우리는 정도를 벗어나 탈선하게 됩니다. 우리에게 맡기신 것을 우리의 것으로 착각해 함부로 남용하거나 잘못된 방법으로 사용하게 되는 것입니다. 그렇기에 우리가 가진 모든 것이 주님의 것이고, 주님의 은혜임을 절대 잊어서는 안될 것입니다.

달란트와 더불어 하나님은 또 한 가지를 우리에게 주셨습니다. 바로 시간입니다. 하나님 나라로 갈 때까지 이 땅에서 누릴 시간을 주신 겁니다. 잊지 말아야 합니다. 우리에게 허락된 달란트와 시간엔 주인이 있습니다. 그리고 주인이 종들에게 괜히 달란트를 맡긴 것이 아니듯 하나님께서 우리에게 지식과 지혜, 재물, 능력 등을 주시고 그것을 사용할 수 있는 시간을 부여하신 것엔 분명한 목적이 있습니다. 그 목적을 바로 알아 맡겨진 달란트를 사용하는 것이 종된 자의 본분인 것입니다.

> 믿는 사람이 다 함께 있어 모든 물건을 서로 통용하고 또 재산과 소유를 팔아 각 사람의 필요를 따라 나눠 주며 °행 2:44-45

사도행전 2장에 보면 초대 교회가 흥하여 성령이 충만해진 모습이 나옵니다. 교회 안에 성령이 충만해진 모습을 '믿는 사람이 함께 모든 물건을 서로 통용하였다'라고 표현합니다. 통용이라는 것은 서로가 필요한대로 서로의 물건을 나누어 사용했다는 것입니다. 이것이 성령 충만의 모습입니다. 성령 충만의 역사는 자신에게 주신 은혜를 필요한 곳과 부족한 곳에 흘려보내며 나누고 섬기는 것으로 나타납니다.

이것이 하나님께서 우리에게 달란트를 맡기신 목적입니다. 하나님께서 주신 것은 소유하는 것이 아니라 필요한 곳에 흘려보내는 것에 목적이 있습니다. 흘러가지 않는 은혜는 차들로 꽉 막힌 도로와 같습니다. 차들의 소통이 원활하고 시원스레 달려가야 하는 도로 위에 차들이 달리지 않고 그 자리에 서 있으면 어떻게 되겠습니까. 교통 체증이 일어나며 꽉 막혀버립니다. 우리 몸 안의 혈관도 흐름이 원활하지 않고 안에 무언가 쌓여서 막혀버리면 안에서 썩게 됩니다.

하나님의 은혜도 마찬가지입니다. 은혜의 흐름을 우리가 막아버리고 혼자 쌓아둔 채 흘려보내지 않는 것은 하나님의 목적과 맞지 않는 것입니다. 하나님은 제대로 흐르지 못하는 은혜는 거두어 가십니다. 그 자리에서 썩게 놔두지 않으십니다. 애초에 하나님의 것이니 주신 것을 도로 거두는 것도 하나님이십니다.

> 한 달란트 받았던 자는 와서 이르되 주인이여 당신은 굳은 사람이라 심지 않은 데서 거두고 헤치지 않은 데서 모으는 줄을 내가 알았으므로 두려워하여 나가서 당신의 달란트를 땅에 감추어 두었었나이다 보소서 당신의 것을 가지셨나이다 그 주인이 대답하여 이르되 악하고 게으른 종아 나는 심지 않은 데서 거두고 헤치지 않은 데서 모으는 줄로 네가 알았느냐 °마 25:24-26

주인이 땅 속에 꽁꽁 숨겨두었다가 그대로 다시 돌려달라고 종들에게 달란트를 주었을까요? 보관만 할 거면 그런 수고를 감당할 필요가 없습니다. 다섯 달란트와 두 달란트를 받은 다른 두 종은 주인의 뜻을 잘 이해했습니다. 그들은 받은 재물을 지혜롭게 사용했고, 받았던 것을 배로 불려서 주인에게 돌려주었습니다. 하지만 한 달란트를 받은 종은 혼자 땅에 묻어뒀다가 그대로 주인에게 돌려주었습니다. 주인은 그 종을 무익한 종이라 부르며 가지고 있던 한 달란트마저 빼앗아 버렸습니다. 예수님께서는 사용할 줄 아는 사람에게 게으른 종의 한 달란트까지 주는 것이 모든 이를 부요하게 하는 것이라고 말씀하셨습니다. 은혜의 Flowing에 문제가 생기는 것은 결국 하나님의 은혜를 담는 우리의 그릇이 크기가 작기 때문입니다.

> 그러면 네가 마땅히 내 돈을 취리하는 자들에게나 맡겼다가 내가 돌아와서 내 원금과 이자를 받게 하였을 것이니라 하고 그에게서 그 한 달란트를 빼앗아 열 달란트 가진 자에게 주라 °마 25:27-28

하나님의 은사는 흘려보내라고 주신 것이지 혼자 자부하고, 자랑하고, 으스대라고 주신 것이 아닙니다. 우리 배만 불리라고 주신 것도 아닙니다. 그것은 특권입니다. 다른 곳으로, 다른 이들에게 흘려보내는 통로가 될 수 있는 특권입니다. 이 모든 것을 하나님의 은혜라고 고백할 수 있는 특권 말입니다. 흘려보내는 것을 두려워해선 안됩니다. 우리가 흘려보낼 은혜와 축복은 흐르고 흘러 다시 돌아오게 되어 있습니다.

또 한 가지 주목해야할 것은 주인이 각자에게 다른 금액의 달란트를 주었다는 점입니다. 그 사람의 능력에 따라 준 것입니다. 하나님은 모든 사람에게 그 사람의 재능대로, 능력대로 달란트를 주십니다.

> 각각 그 재능대로 한 사람에게는 금 다섯 달란트를, 한 사람에게는 두 달란트를, 한 사람에게는 한 달란트를 주고 떠났더니 °마태 25:15

하나님은 모든 것을 다 알고 계시며 우리가 미처 알지 못하는 능력까지 꿰뚫어 보십니다. 우리는 하나님이 주시는 것을 지혜롭게 소화해 능히 세상 속으로 흘려보낼 능력이 있습니다. 우리는 모든 사람을 유익하게 하시려는 하나님께 선택받은 사람들입니다. 우리와 이웃, 하나님의 교회, 그리고 민족과 세계 열방 가운데 은혜와 축복의 통로가 되어 유익하게 쓰임 받을 것을 믿어야 합니다. 하나님이 아무 이유 없이 우리에게 은혜와 달란트를 주시고 지금의 시간을 허락하신 것이 아닙니다. 우리를 믿고 맡기신 것입니다. 따라서 믿음의 큰 그릇을 가지고 유익한 종이 되어 열심으로 나아가야 합니다.

우리의 열심은 하나님을 향한 충성이 바탕되어야 합니다. '열심'이란 '내'가 무엇을 해야 하는가에서 시작됩니다. 반면 충성은 '주인'이 나에게 무엇을 하길 원하는가에서 시작됩니다. 주어가 '내'가 아닌 '주인'입니다. 하나님의 자녀인 우리가 충성해야 할 주인은 누구일까요? 바로 하나님입니다. 주님이 내게 무엇을 원하시는가를 알고 그것을 해야 하는 것입니다.

한 달란트를 받은 무익한 종은 달란트를 맡기고 떠난 주인이 무엇을 원할까를 고민하는 대신 내가 이것을 가지고 어떻게 할 것인가를 먼저 생각했습니다. 주인의 생각이나 판단을 믿지 않고, 자신의 기준과 마음이 가는 방향으로 일했던 겁니다. 그 결과 무익한 종은 가진 것을 다 빼앗기고 주인의 집 바깥 어두운 곳으로 쫓겨 나가 슬퍼하며 울게 되었습니다. 그와 달리 다섯 달란트와 두 달란트 받은 종들은 주인으로부터 착하고 충성된 종이라 불리며 크게 칭찬 받았습니다. 주인은 '적은 일'에 충성한 그들에게 더 많은 것을 맡기겠다 약속했습니다.

더 큰 달란트를 원한다면, 더 많은 달란트를 원한다면 더 많은 흘려보냄을 목적으로 해야 합니다. 하나님은 전지전능하시고 크신 분이십니다. 세상의 지식과 모든 염려나 문제까지도 하나님 앞에선 아무 것도 아닙니다. 하지만 우리는 은혜를 받고도 지레 겁을 먹고 부담스럽다며 우리 수준으로 낮추어 버립니다. 하나님을 내 작은 그릇 안에 가두어 놓으려고만 합니다. 이런 두려움은 하나님에 대한 믿음이 작을 때 생겨나는 것입니다. 하나님께서 우리에게 각자의 능력대로 달란트를 부어주셨음을 믿어야 합니다. 그리고 하나님의 은혜와 축복은 언제나 차고 넘친다는 것 또한 믿어야 합니다.

다섯 달란트든 두 달란트든 똑같이 귀하고 동일한 하나님의 은혜입니다. 흘려보냄에 크기는 중요하지 않습니다. 중요한 것은 우리의 믿음과 행함입니다. 하나님께서 내게 달란트를 맡기신 이유와 목적을 분명히 아는 것입니다. 그 목적을 깨닫기 위해 성령님을 구하며 기도한다면, 주님께서 우리에게 있는 믿음의 크기를 키우고 지경을 넓혀 주실 것입니다.

은사는 여러 가지나 성령은 같고 직분은 여러 가지나 주는 같으며 또 사역은 여러 가지나 모든 것을 모든 사람 가운데서 이루시는 하나님은 같으니 각 사람에게 성령을 나타내심은 유익하게 하려 하심이라 °고전 12:4-7

고슴도치
구하기

　　미국 팝아트의 선구자로 불리는 화가 앤디 워홀(Andy Warhol, 1926-1987)의 작품 '마릴린 먼로'를 아십니까? 할리우드의 유명 여배우 마릴린 먼로(Marilyn Monroe, 1926-1962)의 얼굴이 아홉 가지의 다양한 색의 변주 속에 배열되어 있습니다. 똑같은 표정을 가진 똑같은 마릴린 먼로의 얼굴이지만 각각 다른 색으로 표현되어 그 중 무엇이 원본인지 알 수가 없는 그림입니다. 앤디 워홀의 또 다른 그림에서는 코카콜라 병들이 길게 늘어서 행진하고 있습니다. 이 그림들을 보고 있자면 그 중 과연 원본이 있기는 한 것인지 알 수가 없습니다. 원본이 없이 복제품만 나열되어 있는 것 같다는 생각도 하게 됩니다. 앤디 워홀의 이런 그림들을 가리켜 '시뮬라크르' 개념을 담고 있다고 말하곤 합니다. 시뮬라크르(simulacre)는 프랑스어로 시늉, 흉내, 모의(模擬) 등의 뜻을 가지고 있습니다. 가상, 거짓 그림 등의 뜻을 가진 라틴어 시뮬라크룸(simulacrum)에서 유래된 말로 원본의 성격을 부여받지 못한 복제물을 뜻하는 개념입니다.

앤디 워홀의 팝아트 작품 등을 통해서만이 아니라 우리 주변에서도 시뮬라크르의 예를 찾아볼 수 있습니다. 큰 도시에서 종종 볼 수 있는 쌍둥이 빌딩을 떠올려보십시오. 둘 중 어느 것이 원본이고 어느 것이 복제일까요? 원본이 없는 복제품으로 함께 존재하는 쌍둥이 타워처럼 어느 것이 원본이고 복제물인지 구별할 수 없는 것이 바로 시뮬라크르라고 생각하면 됩니다.

오늘날은 이러한 '시뮬라크르의 시대'라고 할 수 있을 것 같습니다. 원본 없는 복제품들 속에서 무엇이 진짜인지 가짜인지 헷갈리다 결국 그 자체가 진짜가 되어버리는 현상은 팝아트 작품이나 쌍둥이 빌딩 같이 눈에 보이는 것에만 있는 것이 아닙니다. 이러한 현상은 이 시대의 영적인 영역에까지 깊숙이 침투해있습니다.

> 하나님이 모든 것을 지으시되 때를 따라 아름답게 하셨고 또 사람들에게는 영원을 사모하는 마음을 주셨느니라 그러나 하나님이 하시는 일의 시종을 사람으로 측량할 수 없게 하셨도다 °전 3:11

하나님께서는 모든 사람들에게 영원을 사모하는 마음을 부어 주셨습니다. 그렇기에 예수님을 믿는 사람이든 믿지 않는 사람이든 우리의 영혼은 영원과 진리를 찾으며 늘 목말라하는 것입니다. 사람들은 이 갈증이 어디에서 오는 것인지도 모른 채 당면한 문제만 풀기 위해 여기저기 진리를 찾아 떠돌아다닙니다. 갈수록 여러 종교와 분파가 세워지고, 사람들은 이곳저곳을 돌아다니며 비교를 하고 채점을 합니다. 심지어는 두 개의 종교가 혼합되어 또 다른 종교가 생겨나기도 합니다. 귀신의 종류와 점집마저 점차 다양해지고 서로 자신이 진짜라고 우겨댑니다.

이런 혼란한 시대 속에서 어느새 '진짜'는 사라져버렸습니다. 태초부터 있어왔고 지금도 우리 곁에 있는 진짜 예수님, 성령의 존재를 찾아보기가 힘듭니다. 이 모든 것이 이 시대에 만연한 문제인 영적 시뮬라크르인 셈입니다.

예수님을 믿는 우리는 이 시대를 바라보는 눈이 열려 있어야 합니다. 많은 것이 혼재되어서 진짜 맛을 잃어버리고 새로운 것이 만들어져서 그것을 다시 진짜라고 부르는 시대. 우리는 이 시대의 문제가 무엇인지 바로 알아야 합니다.

이 시대는 혼란함 속에서 영원과 진리를 찾고 있습니다. 우리는 그것이 하나님께 있음을 사람들에게 알려야 합니다. 그리고 인생의 구원이 어디에 있는지, 무엇이 진짜인지 모르는 사람들에게 예수님의 십자가가 진짜임을 보여줘야 합니다.

이 시대의 많은 사람들은 마음속에 상처를 안고 살아갑니다. 독일의 철학자 쇼펜하우어(Schopenhauer, 1788-1860)는 '고슴도치 신드롬'이라는 용어를 사용하여 사람들에겐 저마다 적당한 거리가 필요하다고 말했습니다.

어느 추운 겨울날, 사랑에 빠진 두 마리의 고슴도치가 함께 대화를 나누고 있었습니다. 함께 있는 시간이 좋았던 두 고슴도치는 시간 가는 줄 모르고 이야기를 했습니다. 하지만 시간이 흐를수록 날씨는 점점 추워졌고, 고슴도치들은 추위를 이기기 위해 서로를 끌어안았습니다. 하지만 금방 도로 떨어져야만 했습니다. 고슴도치의 몸에 난 가시가 서로를 찔러댔기 때문입니다. 고슴도치들은 추위와 싸우며 끌어안기와 떨어지기를 반복하다 결국 가장 덜 아프면서도 따뜻함을 느낄 수 있는 적당한 거리를 발견했습니다.

고슴도치의 몸에 난 가시는 사람들이 저마다 품고 있는 상처입니다. 서로 가시를 세운 채, 혹은 가시가 있다는 것을 인지하지도 못한 채 다른 사람이 나를 공격하기 전에 찌르는 것입니다. 사람들은 추울 땐 서로를 껴안을 수밖에 없지만 너무 껴안으면 서로

다치기 때문에 적당한 거리를 두는 것으로 만족하며 그것이 당연하다 생각하게 됐습니다.

서로를 찌르는 상처는 결국 사람을 고립되게 합니다. 고립은 이 시대의 또 다른 문제점 중 하나입니다. 상처는 나를 내버려두라는 말과 행동으로 이어지고 이것이 결국 고립을 초래하는 것입니다. 이제는 아예 처음부터 가시에 찔리는 아픔은 겪지 않겠다며 사람의 접근을 차단해버립니다. 이웃 간에도 서로 문을 열어주지 않습니다. 내가 힘들고 어려워질지라도 다른 사람들의 도움은 받고 싶지 않다고 말합니다. 심지어 예수님을 믿는 사람들조차도 문을 닫아걸고 울타리 안으로 깊숙이 들어가 버리기도 합니다. 고립은 이 시대의 예수를 믿지 않는 사람들의 문제이기도 하지만, 함께 살아가고 있는 그리스도인들도 똑같이 겪는 문제인 것입니다.

우린 모두 영적인 목마름을 가지고 있습니다. 고립과 상처, 스스로 고슴도치가 되길 자처하는 것 모두 이 영적인 목마름에서부터 시작된 문제가 아닐까요. 방황하고 떠돌다 상처를 받고, 그 상처로 인해 고립되고, 그러면서 목마름이 더 심해지게 되는 겁니다. 그런데 이 목마름보다 더 큰 문제는 목마름을 해결할 정답을 알지 못하고 방황하면서도 아무 문제없는 척, 잘 사는 척하는 것입니다.

성경 속에도 우리와 같은 문제를 가지고 있던 사람이 등장합니다. 바로 예수님이 사마리아 수가성을 지날 때에 우물가에서 만난 사마리아 여자입니다. 우리는 사마리아 여자와 예수님의 만남을 통해 영적 목마름에 대한 해답을 알 수 있습니다.

수가성의 사마리아 여자는 남편이 다섯 명이나 있었고, 지금 여섯 번째 남편과 살면서도 그 사람을 남편이라 말하지 않는 여자였습니다. 마을 사람들을 피해 아무도 없는 시간에 물을 길러 나올 정도로 고립된 여자였습니다. 그야말로 고슴도치 같이 날카로운 가시가 많은 사람이었습니다. 물을 한 잔 달라는 예수님에게 왜 나에게 말을 거는 것이냐며 경계부터 할 정도였습니다.

> 사마리아 여자가 이르되 당신은 유대인으로서 어찌하여 사마리아 여자인 나에게 물을 달라 하나이까 하니 이는 유대인이 사마리아인과 상종하지 아니함이러라 예수께서 대답하여 이르시되 네가 만일 하나님의 선물과 또 네게 물 좀 달라 하는 이가 누구인 줄 알았더라면 네가 그에게 구하였을 것이요 그가 생수를 네게 주었으리라
> °요 4:9-10

예수님은 여자의 상처와 목마름을 꿰뚫어보셨습니다. 여자에게 우물의 물을 마시면 금방 해결되는 육신의 목마름이 아닌 영혼의

갈급함이 있음을 아셨던 겁니다. 예수님은 여자에게 영혼의 목마름을 해결해주겠다고 말씀하셨습니다.

> 내가 주는 물을 마시는 자는 영원히 목마르지 아니하리니 내가 주는 물은 그 속에서 영생하도록 솟아나는 샘물이 되리라 ˚요 4:14

주님이 주시는 생명의 물은 영혼의 목마름을 해결해줍니다. 우리가 세상 속에서 찾은 고민과 방황의 해법은 마음 속 가장 깊은 곳에 있는 영혼의 갈급함을 해소해주지 못합니다. 진짜가 아니기 때문입니다.

세상이 주는 많은 가짜들은 겉보기엔 진짜 같아 보입니다. 사람들은 가짜를 진짜라고 말하며 쫓아 다니고, 그 사람들의 모습에 또 다른 사람들도 혹하여 가짜를 찾게 됩니다. 때로는 아예 '진짜란 없다'라는 식으로 대놓고 진리를 가려버리기도 합니다. 가짜들이 목마름을 해소해줄 수도 있지만 그것은 일시적인 것에 불과합니다. 근본적인 해결책이 되진 못하는 것입니다. 그렇기 때문에 가짜를 취하게 되면 더 목이 마르고 방황하게 됩니다.

영원으로의 갈급함, 영혼의 목마름은 하나님께서 우리에게 주신 것입니다. 하나님을 갈망하고 진리와 구원을 찾아올 수 있도록 오직 진짜만을 향할 수 있도록 말입니다. 그렇기 때문에 가짜나 복제품들은 소용이 없습니다. 영혼의 목마름을 해갈해줄 수 있는 것은 하나님이 주신 생명수, 오직 예수 그리스도 뿐입니다.

> 유대를 떠나사 다시 갈릴리로 가실새 사마리아를 통과하여야 하겠 는지라 °요 4:3-4

예수님은 갈릴리로 가던 중에 굳이 사마리아를 거쳐 가셨습니다. 성경에도 사마리아에 다른 목적이 있었다는 언급은 없습니다. 예수님은 다른 길도 많은데 왜 이방인의 땅인 사마리아를 통과하셨을까요? 그 길에 예수님이 필요했기 때문입니다. 진리를 찾아 헤매는 영혼이 그곳에 있음을 아셨기에 그 길로 가서 사마리아 여자를 기다리신 것입니다.

우리는 하나님의 은혜를 우리가 찾아가는 것이라고 생각할 때가 있습니다. 하지만 그렇지 않습니다. 하나님의 은혜는 선행적인 것입니다. 하나님이 먼저 우리를 부르셨고, 하나님 앞에 나아오게 하셨기 때문에 우리가 은혜를 입는 것입니다. 하나님이 부르지 않으셨다면 우리는 은혜의 자리에 서지 못했을 것입니다.

예수님이 사마리아 여자에게 남편이 없음을 알고 계셨던 것처럼, 하나님은 우리의 형편을 다 알고 계십니다. 우리가 말하지 않고 감춰도 다 아십니다. 또한 세상 사람들이 하나님 없이도 잘 사는 척 하고 있지만 그렇지 못하다는 것도 알고 계십니다.

> 여자가 이르되 메시야 곧 그리스도라 하는 이가 오실 줄을 내가 아노니 그가 오시면 모든 것을 우리에게 알려 주시리이다 °요 4:25

사마리아 여자는 자신의 방황을 멈추게 할 메시야가 올 것을 알고 있었다고 예수님께 고백했습니다. 구원을 갈망하며 찾고 있었던 것입니다.

사마리아 여자처럼 세상 사람들도 내면 깊은 곳에서는 진짜를 찾아 헤매고 있습니다. 모든 사람들에게는 주님이 필요합니다. 진짜 믿음을 가진 그리스도인들은 사람들에게 예수님이 바로 당신이 찾는 진리이며 진짜 구세주라고 말할 수 있어야 합니다. 진짜를 가짜처럼 보이게 하는 세상적인 삶의 태도는 버리고 예수를 믿는 삶, 진짜를 온전히 진짜로 보이게 하는 삶으로 그분을 전해야 합니다. 진짜가 여기에 있으니 와서 보라고 사람들에게 말하십시오. 하나님 앞으로 사람들의 손을 잡고 나아갔을 때 성령님께서 그들 안에 임하여 일하실 것입니다.

이 시대의 문제들로 방황하는 많은 영혼들이 '진짜' 예수님을 만난다면 구원의 생명수를 얻어 영원히 목마르지 않게 될 것입니다. 우리의 주변을 잘 돌아봐야 합니다. 예수님을 만나 인생이 바뀐 우물가의 사마리아 여자는 우리의 부모일 수도, 형제일 수도 있습니다. 가까운 친구일 수도 있고, 나를 아프게 했던 사람일 수도 있습니다. 이미 아는 사람이라도 다시 한 번 잘 돌아보십시오. 그들의 상처를 공감하며 품어 주십시오. 생명이신 예수 그리스도를 전함으로 그들의 삶이 바뀌는 놀라운 은혜를 경험하게 될 것입니다.

나는 주님의
메시지입니다

'조지 헌터 3세'라는 전도 학자가 지은 「켈트전도법」이라는 책이 있습니다. 이 책에서 저자는 불신자들이 믿는 사람들에게 궁금해 하는 것에 대하여 조사를 했습니다. 그의 조사에 따르면 불신자들은 세 가지를 궁금해 한다고 합니다. 첫 번째로 궁금해 하는 것은 '정말 저들이 믿고 있느냐'입니다. 두 번째는 '당신들이 믿는다면 당신들은 그 믿음에 의하여 살고 있느냐', 그리고 마지막 세 번째 궁금점은 '그렇다면 당신들이 믿는 대로 살아간다면 당신들, 즉 믿는 자와 믿지 않는 자의 삶의 차이점이 무엇이냐'입니다.

불신자들이 믿는 사람들에게 이런 질문을 하는 것은 "맞습니다. 우린 그렇게 합니다. 그렇게 믿습니다."라는 대답을 원하기 때문이 아닙니다. 불신자들이 우리에게 정말 묻고자 하는 것은 '진정성'일 것입니다. "맞습니다. 우리가 부족했습니다. 우리의 신앙이 그러하지 못했습니다." 또는 "내가 정말 그렇게 믿습니다. 그렇게 하고 싶습니다." 이렇게 대답했을 때 보일 수 있는 진정성 말입니다.

조지 헌터 3세는 다음과 같은 조사 결과를 말했습니다.

"그것을 질문하는 불신자들이 발견하게 되면 그들은 우리가 전하는 예수 그리스도에 대하여 마음을 조금 더 열게 되고, 우리가 하는 말에 대해서 귀를 기울이게 될 것이다."

여기서 그것이란 우리가 그들에게 보여주는 '진정성'입니다.

우리를 의심하는 세상 사람들에게 내가 믿는 것은 진짜이다, 세상의 것과는 다르다는 것을 당당하게 말하기 위해서는 우리가 진짜 믿는 것이 무엇인지를 바로 알아야 합니다. 그리고 그 믿음을 삶으로 증명해낼 수 있어야 합니다. 지금까진 주님의 메시지를 읽고 듣기만 하며 살았다면, 이제부터는 그 메시지를 행동으로 옮겨야 한다는 것입니다. 행동으로 옮기는 것은 세상 사람들에게 영향을 끼친다는 것입니다. 세상 사람들은 우리를 관찰하며 판단할 것입니다. 앞서 소개한 책에서 불신자들이 믿는 사람들을 향해 날카롭게 질문한 것처럼 말입니다. 그렇기에 우리는 끊임없이 우리가 믿고 있는 것이 진짜인지 점검해봐야 합니다.

> 또 이튿날 요한이 자기 제자 중 두 사람과 함께 섰다가 예수께서 거 니심을 보고 말하되 보라 하나님의 어린 양이로다 °요 1:35-36

예수님이 오시기 전 먼저 와서 하나님의 말씀을 외친 사람이 있었습니다. 바로 세례 요한입니다. 그는 광야에 살며 하나님 나라가 가까이 왔음을 선포하고 사람들에게 회개하라 말하며 물로 세례를 베풀었습니다. 세례 요한은 사람들에게 곧 그의 뒤에 하나님의 아들이 오실 것을 전했습니다. 또한 하나님의 아들은 물이 아닌 성령으로 세례를 베풀 것이고, 자신은 그저 그분의 길을 예비하는 광야의 외치는 소리라고 말했습니다.

많은 이들이 세례 요한을 따랐고, 그들 중에는 안드레라는 사람도 있었습니다. 그는 진리에 대한 갈망이 뜨거운 사람이었는데, 예수님을 만난 후 세례 요한을 떠나 예수님의 제자가 되었습니다. 세례 요한과 함께 있다가 예수님을 발견하고는 지체 않고 예수님을 따라간 것입니다. 그는 왜 세례 요한을 떠나 예수님께 갔을까요? 왜냐하면 안드레는 진짜 진리를 찾고 있었기 때문입니다. 세례 요한 역시 자신은 진짜가 아니라고 말했습니다.

> 이르되 나는 선지자 이사야의 말과 같이 주의 길을 곧게 하라고 광

> 야에서 외치는 자의 소리로라 하니라 그들은 바리새인들이 보낸 자라 또 물어 이르되 네가 만일 그리스도도 아니요 엘리야도 아니요 그 선지자도 아닐진대 어찌하여 세례를 베푸느냐 요한이 대답하되 나는 물로 세례를 베풀거니와 너희 가운데 너희가 알지 못하는 한 사람이 섰으니 곧 내 뒤에 오시는 그이라 나는 그의 신발끈을 풀기도 감당하지 못하겠노라 하더라 °요 1:23-27

세례 요한은 당신이 그리스도냐고 묻는 유대인들에게 자신을 낮추어 말했습니다. 그는 자신의 역할과 그가 무엇을 믿고 전하고 있는 것인지 정확히 알고 있었습니다. 세상 사람들을 예수께로 인도하는 거룩한 통로, 그것이 바로 세례 요한이었던 것입니다. 그는 하나님의 '진짜 통로'였습니다.

예수님이 길을 지나가실 때 예수님을 보며 세례 요한은 그를 향해 하나님의 어린 양이라 소리쳤습니다. 이 말을 들은 안드레는 자신이 찾던 진리가 그곳에 있음을 즉시 깨닫고 세례 요한을 떠나 예수님을 뒤따르기 시작했습니다. 안드레는 세례 요한의 뒤를 따라다니며 구세주, 즉 진짜 진리를 찾는 사람이었습니다. 그의 갈망은 마침내 예수님을 발견하면서 해소되었습니다. 세례 요한이 예수님을 향해 하나님의 어린 양이라 불렀을 때 안드레 역시 진리를 본 것입니다. 진리를 발견한 안드레는 망설이지 않고 즉시 진리이신 예수님과 동행했습니다.

세상 사람들이 그리스도인을 향해 당신이 믿는 것이 진짜냐, 무엇을 믿는 것이냐 묻는 이유는 그들 역시 진리와 구원에 대한 목마름이 있기 때문입니다. 그렇기 때문에 그 질문에 대한 우리의 대답과 우리 자신의 삶이 중요합니다. 사람들이 물었을 때 우리는 진리이신 예수 그리스도를 믿는다고 당당히 말할 수 있어야 합니다. 그리고 그것이 진짜임을 보여줘야 합니다. 예수님을 믿는다는 것은 예수님을 따라간다는 것입니다. 안드레가 자신의 모든 것을 내려놓고 즉시 예수님의 뒤를 따랐듯이 말입니다.

독일에는 1248년부터 짓기 시작해 지금도 건축 중인 성당이 있습니다. 바로 쾰른 대성당입니다. 유네스코 세계문화유산인 이 대성당은 많은 관광객들이 찾는 관광명소이기도 합니다. 유럽엔 이런 성당이 참 많습니다. 대부분이 중세에 기독교인들이 자신의 신앙을 하나님 앞에 증명해보이기 위해 지은 것입니다. 로마의 베드로 성당도 마찬가지로 예배를 드리고 신앙을 보여주기 위해 지어졌습니다. 이 성당엔 말씀의 제단만 50개이고, 예수 그리스도와 열 두 제자의 형상이 조각된 다섯 개의 문이 있습니다.

그런데 중요한 것은 50개의 제단 중 찬송이 울려 퍼지고 있는 제단은 없다는 것입니다. 다섯 개의 문에 구원 받은 사람들이 구름떼처럼 몰려드는 사건은 거의 드물어졌습니다. 오늘날 그 성당은 그저 보여주기 위한 것일 뿐입니다.

이 성당들을 통해 말하고자 하는 것은 이것입니다. 예수님을 믿는다는 것은 바벨탑을 쌓는 것이 아니라는 겁니다. 믿음이란 실적을 내거나 결과물을 보여주는 것이 아니라 예수님의 마음을 품는 것입니다. 머리끝부터 발끝까지 성령으로 충만해져서 우리 자신부터 변화하는 것입니다.

안드레는 예수님의 마음으로 충만한 사람이었습니다. 바꿔 말하면 그는 예수님을 따르는 사람이었고, 그 자신이 바로 주님의 메시지가 된 사람이었습니다.

> 요한의 말을 듣고 예수를 따르는 두 사람 중의 하나는 시몬 베드로의 형제 안드레라 그가 먼저 자기의 형제 시몬을 찾아 말하되 우리가 메시야를 만났다 하고(메시야는 번역하면 그리스도라) °요 1:40-41

안드레는 예수님을 만난 뒤 형제 시몬에게 찾아가 메시야를 만났다고 전했습니다. 소식을 전하는 것에 그치지 않고 시몬과 함께 예수님에게 갔습니다. 예수님을 만난 후 안드레의 마음에 예수님의 마음이 가득 찼던 것입니다. 안드레는 사람을 구원하고자 찾아

다니시는 예수님의 마음으로 그의 형제를 찾아갔고, 예수님께 그를 인도했습니다.

사람들은 우리의 말이 아닌 진실성에 감동하고 변화됩니다. 세상 사람들이 그리스도인들을 향해 예수가 없다고 말하고, 교회와 성도들을 향해 좋지 않은 곳이며 욕심쟁이라 손가락질할 때가 있습니다. 세상 사람들의 편견과 오해로 인해 그런 일들이 벌어질 수도 있지만, 우리 자신에게 문제가 있는 것일 수도 있음을 알아야 합니다. 사람들이 비웃고 손가락질 하는 것은 예수를 믿는다고 하고 복음을 전한다고 하면서도 불신자들과 똑같이 욕심내고 똑같이 거짓말하는 우리의 모습 때문입니다.

세상은 우리와 교회의 모습을 통해 하나님을 봅니다. 우리가 어떻게 말하고 행동하는지를 통해 '진짜 예수님을 믿는 자'인지가 드러납니다. 얼마나 돈이 많은지, 내가 얼마나 유명하고 권위가 있는 사람인지, 직장이 얼마나 좋은지와 같은 것은 중요하지 않습니다. 이 모든 것은 그리스도인의 삶을 위해 쓰이지 않으면 아무 것도 아닙니다. 웅장하고 화려하게 하늘을 향해 뻗어있지만 더 이상 예배드리지 않는 성당은 그저 관광지에 불과해 더 이상 사람들에게 주님의 감동과 메시지를 전하지 못하는 것처럼 말입니다. 나 혼자 예수님을 믿는다고 만족해서는 안 됩니다. 입으로만 신앙을 고백하고 찬양하는 것은 반쪽 믿음에 불과할 것입니다.

> 명절에 예배하러 올라온 사람 중에 헬라인 몇이 있는데 그들이 갈릴리 벳새다 사람 빌립에게 가서 청하여 이르되 선생이여 우리가 예수를 뵈옵고자 하나이다 하니 빌립이 안드레에게 가서 말하고 안드레와 빌립이 예수께 가서 여쭈니 °요 12:20-22

유월절에 예수님을 찾은 헬라인들은 예수님을 보고 싶은 마음에 빌립을 찾아갔습니다. 예수님을 만나게 해달라는 헬라인들의 부탁에 빌립은 먼저 안드레에게 가 이것을 의논했습니다. 그런 후 빌립과 안드레가 함께 예수님께 가 이 일을 여쭤보았습니다. 여기에서도 우리는 안드레의 마음에 가득했던 예수님의 마음을 엿볼 수 있습니다. 안드레는 이방인을 사랑하고 긍휼히 여기는 마음을 담아 그들의 청을 예수님께 전했던 것입니다.

안드레는 예수님과 세상 사이에 다리를 놓는 사람이었습니다. 그 자신이 주님의 메시지와 같은 사람이었습니다. 그는 어떻게 사람들에게 믿음과 감동을 주는 사람이 될 수 있었을까요. 억지로 된 것이 아닙니다. 예수를 만난 후 안드레는 그의 마음에 온전히 예수님의 마음을 담았습니다. 그리고 예수님이 보이신 본을 따라 예수님처럼 살았기 때문에 사람들은 그에게 감동을 받았고, 믿음과 진정성을 볼 수 있었던 것입니다.

> 우리는 구원 받는 자들에게나 망하는 자들에게나 하나님 앞에서 그리스도의 향기니 °고후 2:15

> 너희는 우리로 말미암아 나타난 그리스도의 편지니 이는 먹으로 쓴 것이 아니요 오직 살아 계신 하나님의 영으로 쓴 것이며 또 돌판에 쓴 것이 아니요 오직 육의 마음판에 쓴 것이라 °고후 3:2

바울은 고린도 교회의 성도들을 향해 우리는 그리스도의 향기라고 말했습니다. 우리로 인해 도처에 주님을 알게 하는 향기가 퍼져나가기 때문입니다 사람들은 우리가 풍기는 냄새를 통해 하나님의 존재를 확인하고 그를 알게 될 것입니다. 같은 의미로 바울은 우리를 그리스도의 편지라고도 말했습니다. 우리는 그 자체로 하나님의 메시지입니다.

하나님은 우리를 통해 사람들에게 사랑과 구원의 메시지를 전하기를 원하십니다. 향기를 퍼뜨려야 할 꽃이 나쁜 물에 뿌리를 담궈 썩고 시들면 되겠습니까? 온전히 메시지를 전해야 할 편지가 구정물에 더러워지고 찢겨버린다면, 그 메시지를 받아 읽어야 할 사람들에게 제대로 전해질 수 있을까요?

우리는 주님의 아름다운 향기입니다. 그리고 주님의 선한 메시지입니다. 하나님이 우리를 온전히 쓰실 수 있도록 끊임없이 자신을 돌아보며 기도해야 합니다. 진짜를 바르게 믿고 있는지, 예수님을 따르고 있는 것인지 말입니다. 우리 모두 날마다 기도로 나아가며 성령으로 충만해지길 소망합니다. 우리가 주님의 좋은 향기와 메시지가 되어 이 세상이 다시 주님의 것으로 풍성해지길 소원합니다. 우리가 기쁨으로 헌신할 때 주님께서 그렇게 이루실 것입니다.

나는 하나님의 사람입니다

지은이　　도강록

2017년 12월 1일 1판 1쇄 펴냄

펴낸곳　　도서출판 예수전도단
출판 등록　1989년 2월 24일(제2-761호)
주소　　　서울특별시 마포구 성지 1길 7 (합정동)
전화　　　02-6933-9981 · **팩스** 02-6933-9989
전자우편　publ@ywam.co.kr
홈페이지　www.ywampubl.com
임프린트　와웸퍼블

ISBN 978-89-5536-560-3

와웸퍼블은 도서출판 예수전도단의 임프린트입니다.
책값은 뒤표지에 있습니다. 잘못된 책은 바꾸어 드립니다.